Damals auf dem Lande

Dem Gedenken von
Erika Groth-Schmachtenberger (1906-1992)
gewidmet

Albert Bichler

Damals auf dem Lande
Altes Dorfleben in Bayern

Mit Fotografien von Erika Groth-Schmachtenberger

Inhalt

Die »gute alte Zeit« – Rückblick ohne Verklärung	8
Altes Dorfleben – Romantik und Wirklichkeit	10
Leben in der Großfamilie	15
Enger Zusammenhalt	16
Die Dienstboten in der Familie	18
Die Morgensuppe in der großen Schüssel	19
Dampfnudeln aus dunklem Roggenmehl	21
Brot aus dem eigenen Backofen	24
Große Achtung vor dem Brot	27
Erziehung zur Bescheidenheit	27
Mit Holzschuhen durch den Schnee	30
Sparsam auch beim Einheizen	31
Nur kleine Geschenke	31
Am Feierabend	32

Täglicher Milchtransport zur nahen Molkerei (1940)

Kuhhirte aus dem
Hersbrucker Land
(1957)

Harte Bauernarbeit 35
   Das harte Los der Dienstboten 36
   Helfer des Bauern 36
   Viele Kühe, Kälber und Ochsen im Stall 38
   Die schwere Arbeit der Ochsen und Pferde 39
   Langer Arbeitstag bei der Ernte 39
   Kornmandl auf dem Feld 41
   Kartoffelernte ohne Maschine 43
   Pflügen nach der Ernte 44
   Essen wie ein Drescher 45
   Säen mit der Hand 46
   Arbeiten im Wald 47
   Wandel auch in der Landwirtschaft 48

Bauern aus dem Ries auf dem Viehmarkt in Nördlingen (1933)

Berufe, die ihr Auskommen hatten   53
    Der Müller – eine Vertrauensperson 54
    Hufeisen vom Schmied 54
    Aufträge für den Wagner 55
    Handwerker auf der Stör 57
    Angesehene Handwerker 58
    Die Schneiderin – eine große Könnerin 62
    Der Schäffler – ein Handwerk mit großer Tradition ... 65
    Stricke vom Seiler, Leder vom Gerber 69
    Der Flößer – harte Arbeit mitten im Fluss 70
    Keine Aufträge mehr für den Säger 72

Nach getaner Arbeit   74
    Erholung im Hoagarten 76
    Ausruhen am Sonntag 78
    Kegelscheiben in der Dorfwirtschaft 79
    Rund um das Kammerfenster 80
    Gemeinsames Singen und Musizieren 80
    Tanz in der Scheune 84
    Einfache Spielsachen......................... 85
    Stelzengehen und Seilhüpfen 86

In der alten Dorfschule — 89
- Stillarbeit – das Erfolgsrezept der Landschule 90
- Alle Kinder in einem Raum 91
- Im Schulranzen die Schiefertafel 93
- In der warmen Schulstube 94
- Trockenes Pausebrot 94
- Schule und Kirche – eine Einheit 95
- Schreiben mit der spitzen Feder 96
- Die unbeliebte Feiertagsschule 99
- Das große Ansehen des Lehrers 100
- Die Landschule – besser als ihr Ruf 103

Wie's der Brauch war — 107
- Feste Regeln im Alltag 108
- Der Pfarrer – eine Autorität im Dorf 108
- Kirchliche Feste im Jahreslauf 111
- Eine Bauernhochzeit – ein Fest für das ganze Dorf ... 113
- Begleitung auf dem letzten Weg 115
- Totenbretter am Wegrand 117
- Leben mit den Bräuchen 117

Vergangene Dorfidylle — 121
- Lebendige Dorfgemeinschaft 122
- Das Wirtshaus – der gesellschaftliche Mittelpunkt ... 123
- Die Kramerei – ein beliebter Treffpunkt 124
- Am Abend zum Bürgermeister 125
- Unverzichtbar: die Leichenfrau 127
- Täglich in die Stadt 130
- Leben am Dorfweiher 131
- Alte Bauernhöfe 133
- Das Dorf – eine kleine Welt für sich 134

Glossar — 138
Literaturverzeichnis — 142
Danksagung und Impressum — 144

Die »gute alte Zeit« – Rückblick ohne Verklärung

Es ist sicher ein Zeichen der erfreulichen Rückbesinnung, dass in der Gegenwart manche tradierten Werte, die in den letzten Jahrzehnten aus euphorischer Fortschrittsgläubigkeit in Vergessenheit geraten sind, wieder neu in ihrer Zeitlosigkeit entdeckt werden. So schätzt man heute nicht nur das Ferne und Fremde, sondern freut sich auch wieder am Vertrauten, an der Heimat und ihren oft verborgenen Schönheiten und fragt nach den Wurzeln. Besondere Aufmerksamkeit findet dabei die heimatliche Kultur, wie sie sich z. B. im Brauchtum ausdrückt, sowie die Heimatgeschichte. Alte Dinge, die längst vom Fortschritt überholt sind, werden heute in ihrer Einmaligkeit wieder neu entdeckt und lieb gewonnen. Und was viele Jahre ungenützt und verstaubt auf dem Speicher schlummerte, findet auf Dulten, Trödlermärkten und in Antiquariaten begeisterte Sammler. Was aber besonders auffällt: Vor allem junge Leute fühlen sich zu den alten, längst aus der Mode gekommenen Sachen hingezogen. So sehr aus dieser Hinwendung zu alten Dingen auch nostalgische Sehnsüchte sprechen mögen, so zeigt sich darin doch ein neu erwachtes Interesse für die Zeit unserer Vorfahren, eine Zeit, die uns nur aus der Rückschau so heil erscheint, in Wirklichkeit aber geprägt war von Arbeit, Not und Entbehrungen.

Angesichts rasant fortschreitender technischer Entwicklungen, z. B. im Bereich weltweiter Kommunikation, überrascht es schon sehr, dass heute viele Menschen von der »guten alten Zeit« träumen. Ist es ein Ausdruck des Überdrusses am materiellen Wohlstand und der Ohnmacht des Einzelnen in einer globalen Welt? Erinnert sei hier nur an geradezu revolutionäre Veränderungen in der Arbeitswelt. Es lässt sich sicherlich nicht leugnen: Auf der

Die »gute alte Zeit« – Rückblick ohne Verklärung

In Sommerhausen (1944)

einen Seite hat die Technik dem Menschen viele Arbeiten abgenommen, die früher nur unter großem körperlichen Einsatz geleistet werden konnten, auf der anderen Seite wird aber der Einzelne immer mehr durch die Technik und ihre Zwänge in seiner persönlichen Entfaltung eingeengt. Und gerade dieser Verlust ist es, der viele heute so sehr belastet.

Angesichts einer fortschreitenden Technisierung und Globalisierung sehnen sich immer mehr Menschen nach einer Zeit, in der alles noch viel einfacher und übersichtlicher war. Viele wollen freiwillig zumindest zeitweise auf Errungenschaften des Fortschritts verzichten und entscheiden sich für alternative Wege. Verstärkt wird der Überdruss durch die Erfahrungen der Vereinsamung in der total von der Technik geprägten Welt. Für persönliche Kontakte, für Gespräche am Arbeitsplatz, beim Einkaufen, auf der Straße bleibt fast keine Zeit mehr. Es ist unübersehbar: Viele suchen wieder mehr menschliche Nähe, persönliche Begegnungen, Geborgenheit und Vertrautheit. Nicht ohne Wehmut erinnern sie sich, als noch jeder jeden kannte. Es ist die Zeit vor mehr als einem halben Jahrhundert, die vielen in der Rückschau besonders lebenswert erscheint. Dass diese Zeit aber keineswegs so gut war, wird in der verklärenden Sehnsucht nur allzu leicht übersehen.

Altes Dorfleben – Romantik und Wirklichkeit

Das neu erwachte Interesse für die Heimat und seine Geschichte brachte es mit sich, dass sich viele heute wieder gern an das Leben früher auf dem Dorf erinnern. Sie denken zurück an Vorfahren, Freunde und Bekannte, die auf dem Land gelebt haben. Sie knüpfen an eigene Erfahrungen und Erinnerungen an und erkennen nicht ohne Wehmut, wie sehr sich auch die Welt auf dem Dorf verändert hat.

In den Jahrzehnten nach dem Zweiten Weltkrieg ist ein grundlegender Wandel in allen dörflichen Lebensbereichen eingetreten. Viele, die ihre Kindheit noch auf einem Dorf verbrachten, haben der kleinen Welt rund um Kirche, Schule und Wirtshaus den Rücken gekehrt, sind in eine Stadt gezogen und haben sich dort eine Existenz aufgebaut. Und dieser Prozess hält unvermindert und beängstigend bis in unsere Tage an: Die nachwachsende Generation, zumal nach einem Studium, verlässt die Welt des Dorfes und strebt in die Städte, in andere Regionen und Länder.

Das Bild unserer Dörfer, zumal in Stadtnähe, hat sich nicht nur äußerlich verändert. Es lässt kaum noch einen Vergleich mit der Zeit vor einem halben Jahrhundert zu. An die Stelle der einfachen bäuerlichen Bauweise mit niedrigen Häusern und kleinen Fenstern sind Neubauten getreten, die nicht zur traditionellen Baukultur passen und das gewachsene Ortsbild zerstören.

Der Alltag war früher auf dem Dorf, ganz im Gegensatz zu idyllisierenden Darstellungen und seichten Heimatfilmen, keineswegs romantisch, sondern überaus hart und entbehrungsreich. Aus Erzählungen und Aufzeichnungen älterer Menschen wissen wir, wie einfach und karg das Leben war. Es war geprägt von härtester Arbeit von Kindertagen an, von dem Verzicht auf heute selbst-

Im unterfränkischen Frickenhausen am Main (1941)

verständliche Annehmlichkeiten und von einer Zufriedenheit mit allem, was eben da war. Aus unserer heutigen Wohlstandssituation heraus ist uns die Not kaum vorstellbar, in die die Menschen auf dem Dorf hineingeboren wurden. Man lebte, um zu arbeiten, und arbeitete, um zu leben.

Heute so selbstverständliche Begriffe wie Urlaub, 40-Stunden-Woche, Freizeit am Wochenende, eigenes Auto – all das sind Errungenschaften, von denen ein Knecht oder eine Magd früher nur träumen konnte.

Es ist das erklärte Ziel dieses Buches, ein realistisches Bild von der Lebenswirklichkeit auf dem Dorf vor 80 Jahren und mehr, also vor dem Beginn der allgemeinen Technisierung, zu zeichnen. Fern aller Schönfärberei sollen manche weit verbreitete Fehlvor-

Dorfstraße in Schmachtenberg über Miltenberg am Spessart (1936)

stellungen abgebaut werden, sodass keineswegs mehr von einer »guten alten Zeit« zu sprechen sein wird. Heute selbstverständliche Arbeitserleichterungen waren undenkbar. Fehlende technische Hilfsmittel konnten nur durch den Einsatz vieler Helfer sowie durch das Zusammenstehen innerhalb der Dorfgemeinschaft, z. B. bei der Ernte, ausgeglichen werden. Die enge menschliche Verbundenheit trug wohl auch ganz wesentlich dazu bei, dass trotz aller Kargheit in der Lebensführung bei unseren Vorfahren keinerlei Unzufriedenheit aufkommen konnte, dass die Menschen trotzdem glücklich waren – glücklicher als heute. Das zeigte sich besonders bei der Feier der jährlichen Feste, die Jung und Alt den harten Alltag vergessen ließen.

In kurzen einführenden Texten soll der Leser einen Überblick über wichtige Lebensbereiche des alten Dorfes in Bayern gewinnen. Bewusst bleiben dabei regionale Besonderheiten meist unbeachtet. Sie können nur in einer Monographie gebührend berücksichtigt werden.

In zahlreichen, heute schon historischen Schwarz-Weiß-Bildern will das Buch den Alltag unserer Vorfahren anschaulich dokumentieren, ihr Familien- und Arbeitsleben, ihren Zusammenhalt in der Dorfgemeinschaft, ihre großen und kleinen Freuden. Damit möchte es an persönliche Erfahrungen und Erinnerungen anknüpfen, vor allem bei jenen, die einst auf dem Dorf gelebt haben. Vielleicht kann das Buch so dazu beitragen, dass viele die Wurzeln ihrer Familie neu entdecken in einem kleinen, unbekannten Dorf in Bayern, weit weg von der Stadt.

Dörfliche Straßenidylle am Main bei Sand/Unterfranken (1957)

Leben in der Großfamilie

Wenn ältere Menschen von ihrer Jugend auf dem Dorf erzählen, dann kommen sie – trotz aller erfahrenen Entbehrungen – leicht ins Schwärmen. Vor allem dann, wenn sie sich erinnern, wie es früher einmal daheim war, damals in ihrer Kindheit und Jugend in der Großfamilie, in die sie eingebettet waren. Denn ganz im Gegensatz zur heutigen Kleinfamilie mit oft nur einem einzigen Kind wurden die Landkinder in eine große Gemeinschaft mit vielen Geschwistern hineingeboren – zehn Kinder und mehr waren keine Seltenheit.
In der Familie fühlten sich alle Kinder geborgen. Es war selbstverständlich, dass jeder auf die anderen Rücksicht nahm. So wuchs eine lebenslange Verbundenheit, die sich auch in Notlagen bewährte. Der Mittelpunkt der großen Familie waren die Eltern, die sich unter Verzicht auf eigene Wünsche um die Kinder sorgten und ihnen trotz aller Einschränkungen eine glückliche Kindheit schenkten.

Leben in der Großfamilie

Enger Zusammenhalt

Neben den Eltern und Kindern gehörten zur Familie gewöhnlich noch die Großeltern, die im »Austrag« mit den Jungen zusammenlebten. Großvater und Großmutter wohnten unter einem gemeinsamen Dach mit der jungen Familie oder im »Austraghäusl«, auch »Zuhäusl« genannt, neben dem Anwesen. Gegessen wurde in den meisten Fällen gemeinsam. Nur dort, wo sich Alt und Jung nicht vertragen haben, wurde auf eine Trennung geachtet. Die Altbäuerin und der Altbauer halfen in der Regel noch auf dem Hof mit und unterstützten die junge Familie nach Kräften.

Die junge Bäuerin war voll ausgelastet durch die Arbeiten im Haus. Besonders zeitaufwändig und schwer war der wöchentliche Waschtag – ohne die heute so selbstverständliche Hilfe durch die Waschmaschine. Da war die Bäuerin dankbar, wenn sie die Mutter oder Schwiegermutter etwas in der Küche entlastete, sich ums Kochen kümmerte oder auf die in kurzen Abständen geborenen Kinder aufpasste. Auch der Großvater machte sich überall nützlich und übernahm noch leichtere Arbeiten auf dem Hof oder auf dem Feld, solange es eben ging.

Nicht selten lebten in der Familie aber auch noch weitere Verwandte, eine Tante, ein Onkel, die nicht geheiratet hatten. Sie hatten zeitlebens ihr Wohnrecht auf dem Hof. So war es auch notariell festgelegt. Die unverheirateten Geschwister gehörten fest zur Familie, sie bekamen auf dem Hof ihr Essen und hatten auch ihren angestammten Platz am Tisch unter dem Herrgottswinkel. Da man bei der Arbeit auf sie angewiesen war, bedeuteten sie für einen Hof keine allzu große Belastung.

Die Zusammengehörigkeit mit der Familie zeigte sich in guten wie in schlechten Tagen. Für die Kinder war dieses Miteinander und Füreinander etwas ganz Selbstverständliches. Sie lernten schon früh, sich gegenseitig zu ertragen und Toleranz zu üben. Aber keineswegs war es immer eine heile Welt, denn auch früher gab es viele Spannungen im Zusammenleben in einer Familie, zwischen den Jungen und den Alten, den Kindern und weiteren Angehörigen. Gerade das Zusammenleben in der Großfamilie, noch dazu bei

Seite 14:
Bäuerin aus dem
Ochsenfurter Gau
mit ihren Kindern
in der Werktagstracht (1939)

Enger Zusammenhalt

In der Rhön: Der fertige Brotteig wird zum Backofen getragen. (1933)

oft sehr beengten räumlichen Verhältnissen, zwang jedoch einfach zum Zusammenhalt. Der heute oft beklagte Egoismus des Einzelnen konnte sich in der Großfamilie einfach nicht so ungehindert entwickeln. Ein jeder musste Rücksicht nehmen und konnte Rücksicht erwarten. Gerade diese Haltung war die Basis für das doch weithin erträgliche Zusammenleben von Alt und Jung, für das Nebeneinander mehrerer Generationen unter einem Dach.

Es war eine Selbstverständlichkeit, dass die Alten ihren Lebensabend in der Familie verbringen konnten. Alten- und Pflegeheime waren auf dem Land noch unbekannt. Sicherlich verlangte das der jungen Generation, vor allem der Bäuerin, oft größte Opfer ab. Denn gewöhnlich war sie es, die die Alten im Haus – oft bis zur Selbstaufgabe – über viele Jahre hinweg Tag und Nacht pflegen musste. Diese Betreuung sowie die ärztliche Versorgung waren meistens im Erbvertrag genau festgelegt und brachten gar manchen Hof in finanzielle Schwierigkeiten. An eine Altersversorgung und Absicherung aller Familienmitglieder durch eine Krankenkasse war damals noch nicht zu denken. Deshalb holte man den »Doktor« auch nur, wenn die herkömmlichen Hausmittel versagten.

Die Dienstboten in der Familie

Zur Familie eines Bauern gehörten neben den Großeltern und weiteren Verwandten auch die Dienstboten. Es waren die Mägde und Knechte, die »Ehhalten«. Sie hatten ihre Schlafräume (Kammern) meist in einem Nebengebäude, über dem Stall oder im Stall selbst. Es waren äußerst dürftige Unterkünfte, in denen gewöhnliche Strohsäcke als Liegstatt dienten. Ein Kleiderkasten oder eine Truhe waren meist das einzige Inventar in der finsteren Kammer. In den Kammern war es, da sie nicht beheizt werden konnten, im Winter grimmig kalt.

Auf kleineren Anwesen saßen die »Ehhalten« mit der Familie des Bauern gemeinsam am Tisch beim Essen, auf größeren Höfen stand ihnen ein eigener Tisch zu. Aber auch hier gab es keine feste Regel. Alles hing eben davon ab, wie sehr der Bauer die Dienstboten schätzte.

Brotbacken im alten Backofen in Niederbayern (1939)

Ein selbstgemachter Hefezopf, beim Bäcker gebacken, Lohr am Main (1959)

Die Morgensuppe in der großen Schüssel

Wie anspruchslos alle waren, ja sein mussten angesichts der äußerst geringen Einkünfte, die mit einem kleineren Anwesen zu erwirtschaften waren, zeigte sich besonders am Essen. Eingedenk der alten Regel: »'s Maul is a kloana Lucka, kann Haus und Hof verschlucka« war der Tisch nie zu üppig gedeckt. Nach der morgendlichen Stallarbeit aßen die Bewohner des Hofes die Morgensuppe. Das war meist eine Kartoffel- oder Brotsuppe, manchmal auch eine Brenn- oder Buttermilchsuppe. Nur ganz selten gab's Malzkaffee. Die Morgensuppe wurde, wie auch das Essen bei den übrigen Mahlzeiten, aus einer großen Schüssel gegessen, die die Bäuerin mitten auf den Tisch stellte. Ein Teller für jeden in der Familie wäre im Alltag zu aufwändig gewesen – die gab es als große Ausnahme lediglich an den großen Feiertagen des Jahres. Um die bis zum Rand gefüllte Schüssel saßen dann alle herum, der Bauer ebenso wie die übrigen Familienangehörigen, die Kinder und meist auch die Dienstboten.

Am Tisch herrschte stets strenge Disziplin. So durfte mit dem Essen erst angefangen werden, wenn der Bauer seinen Löffel zur Schüssel geführt hatte. Genau wurde auch darauf geachtet, dass nichts verschüttet wurde. Die Kinder wurden von den Eltern angehalten, nicht zu schlürfen. Ungeschriebenes Gesetz war es, dass sich keiner auf Kosten der anderen einen größeren Brocken aus der Schüssel holen durfte.

Zur Brotzeit begnügte man sich mit trockenem Brot, dazu gab es Wasser, Milch oder Apfelmost. Ein Dünnbier, den »Scheps«, bekamen im Sommer nur die Männer zur schweren Erntearbeit.

Links: Schrank in der Speisekammer eines Bauernhauses: Im linken Teil hängt das Geräucherte, geschützt durch ein Fliegengitter (1938).

Dampfnudeln aus dunklem Roggenmehl

Der Mittagstisch war aus heutiger Sicht nicht sehr üppig gedeckt. Zur einfachen Suppe gab es Kartoffeln, Kraut, Gemüse – und immer Knödel. Das wenige Selch- oder geräucherte Fleisch wurde von der Bäuerin in ganz kleinen Stücken unter die Speisen gemischt, sodass man es kaum noch finden konnte. Etwas mehr Fleisch war an Feiertagen zu erhoffen, das aber dann der Bauer höchstpersönlich aufschnitt und jedem seine Portion zuteilte. Da sich die Dienstboten meist nicht satt essen konnten, holten sie sich noch eine Scheibe trockenes Brot aus dem Brotkasten.

Reichlich Fleisch und Wurst kam eigentlich nur dann auf den Tisch, wenn auf dem Hof geschlachtet worden war, ein Fest, auf das sich alle schon lange freuten. Solche Schlachtfeste waren Höhepunkte im Jahreslauf. Gewöhnlich wurde zu Kirchweih, Weihnachten und Fasenacht ein Schwein geschlachtet. Das waren Tage, an denen es sich alle gut gehen ließen.

Es war eine ungeschriebene Regel, dass nur das aufgetischt wurde, was selbst erzeugt wurde. So war der bäuerliche Küchenzettel nicht sehr abwechslungsreich. Immer wieder gab es Mehlspeisen, vor allem an jedem Freitag, der ein absoluter Abstinenztag war. Beliebt waren Rohrnudeln und Dampfnudeln, auch wenn sie nur aus Roggenmehl gebacken waren. Aus Sparsamkeit gab es Nudeln aus Weizenmehl nur zur Kirchweih und Fasenacht. Ansonsten hielt man sich eben ganz an den Spruch: »Ein Vielfraß wird nicht geboren, sondern erzogen.« Und so kam es nicht sel-

Einfaches Karfreitagsessen mit Rohrnudeln und Birnenkompott (1939)

Leben in der Großfamilie

Eine unterfränkische Spezialität: der »Blatz«, ein mit Äpfelschnitz, Zwetschgen oder Streusel belegter Hefeteig, der auf großen Backblechen zum Backen beim Bäcker getragen wird (1953)

ten vor, dass die Dienstboten hungrig vom Tisch aufstanden, denn wenn der Bauer mit dem Essen fertig war, mussten alle den Löffel aus der Hand legen. Hatten der Bauer und die Bäuerin noch Hunger, so nahmen sie sich noch etwas aus der Speisekammer mit, ein Privileg, das den Dienstboten nicht zustand.

Am Nachmittag gab es dann zur Brotzeit lediglich ein Stück trockenes Brot und dazu Kartoffeln, Milch oder Wasser. Nicht weniger dürftig war auch das Abendessen. Dabei war man keineswegs auf Abwechslung bedacht: immer wieder Mehl- oder Kartoffel-

Dampfnudeln aus dunklem Roggenmehl

Eine »Bötin« in der Oberpfalz: Im Handkorb und in der »Kirm« trägt sie Weißbrot, das sie in Dörfer bringt, wo es keinen Bäcker gibt (1955).

speisen und dazu Milch oder Kompott aus Dörrobst. Auf den bäuerlichen Tisch kam eben nur das, was in Stall, auf dem Feld und im Garten selbst erzeugt werden konnte.

Ein Grundnahrungsmittel neben den Kartoffeln war die Milch, die täglich aus der irdenen Schüssel (aus Ton), dem »Weidling«, wie man in Oberbayern sagte, gelöffelt wurde. Im Butterfass wurde der aufgestellte Rahm gerührt. Beliebt waren auch die »gestöckelte« Milch und der Topfen, ganz einfache Milchspeisen, die heute wieder gerne gegessen werden.

Leben in der Großfamilie

Bäuerin aus der Ochsenfurter Gegend mit selbst gebackenem Brot (1939)

Brot aus dem eigenen Backofen

Besonders geachtet und in Ehren gehalten wurde in jedem Haus das Brot, das bei fast keiner Mahlzeit fehlen durfte. Es war das Grundnahrungsmittel für die ganze große Familie und wurde von den meisten Bauern im eigenen Backofen selbst gebacken. In der Regel wurde alle zwei bis drei Wochen gebacken, weshalb der Backtag immer ein herausragendes Ereignis im bäuerlichen Alltag war.

Das Backen war die Domäne der Bäuerin oder der Großmutter, die dabei ihr Können unter Beweis stellen konnten. Streng hielt sie sich dabei an das überlieferte Hausrezept und hütete alle Geheimnisse. Sie allein wusste, welche Gewürze in welcher Menge dem Teig beigegeben werden mussten. Die Bäuerin trug die Verantwortung für das Gelingen des ganzen Backvorgangs, was man gar oft an ihrem geröteten Kopf erkennen konnte. Ein geschmacklich ausgewogenes, knusprig gebackenes Brot war der große Stolz einer jeden Bäuerin.

Die Vorbereitungen für den Backvorgang begannen schon am Vorabend. Im großen hölzernen Backtrog wurde der Sauerteig

Typisches Waldlerhaus im Bayerischen Wald, noch mit Schindeln gedeckt und mit Backhäusl (1935)

zubereitet, der dann über Nacht in der warmen Küche ruhen musste. Am nächsten Morgen kam dann etwa ein halber Zentner Roggenmehl dazu, der nun in schwerer Knetarbeit zu einem festen Brotteig verarbeitet wurde. Beim Schlagen des Teiges musste der Bäuerin gewöhnlich auch die Dirn zur Hand gehen. Doch ansonsten wollte die Bäuerin an diesem Tag niemanden neben sich dulden.

Wenn der Teig in der warmen Küche ausreichend »gegangen« war, wurden daraus große Brotlaibe geformt und in geflochtene, flache Körbchen gelegt. Aus dem gewichtigen Teig entstanden so 20 bis 30 Laibe, die nach einer nochmaligen Ruhezeit dann mit der Brotschaufel in den Backofen »geschossen« wurden.

Der Backofen befand sich gewöhnlich im »Backhäusl«, das in einiger Entfernung von Wohnhaus und Nebengebäuden stand, um die einstmals noch hölzernen Gebäude nicht durch Funkenflug oder herausschlagende Flammen zu gefährden. Der Backofen musste schon mehrere Stunden vorher mit Fichten- und Buchenholz eingeheizt werden, bis er eine Temperatur von fast 300 °C erreichte. Dann wurde mit einem eisernen Gerät die glühende Asche herausgeräumt. Dabei stand stets ein Kübel Wasser bereit,

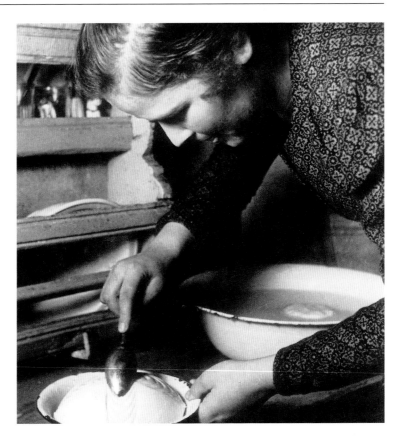

Fertige Butter: Nach altem Brauch wird sie nach dem Schlagen verziert (1939).

um die Glut abzulöschen. Jetzt erst konnten die 20 bis 30 Laibe mit der hölzernen Brotschaufel in den heißen Backofen »geschossen« werden. Nun durfte er mehr als eine Stunde lang nicht mehr geöffnet werden, eben so lange, bis die Brotlaibe schön knusprig braun gebacken waren. Mit höchster Konzentration und auch Anspannung überwachte die Bäuerin den Backvorgang, denn die viele Mühe sollte sich ja lohnen. War das Werk geglückt, so konnte man ihr die Freude und auch den Stolz wohl ansehen.

Nun kam der Brotvorrat für die nächsten drei bis vier Wochen in die Speisekammer, wo die Brote stehend in eigens dafür geschaffenen Regalen, sicher gegen Mäusefraß, aufbewahrt wurden. Im Herbst nutzte man die Restwärme des Backofens zum Dörren von Apfel- und Birnenscheiben aus. Das Dörrobst diente im Winter als Kompott oder kam in der Adventszeit in das Kletzenbrot.

Große Achtung vor dem Brot

Alte Menschen erzählen uns immer wieder, welch große Achtung man früher vor dem Brot hatte. Deshalb wurde man auch nicht müde, die Kinder immer wieder anzuhalten, es als Gottesgabe zu schätzen. Dazu waren keine besonderen pädagogischen Maßnahmen erforderlich, hatten sie doch die Eltern als Vorbild. Zudem erlebten die Kinder ja ganz unmittelbar, welche großen Mühen die Menschen auf dem Hof aufbringen müssen, bis das Getreide heranwächst, bis es geerntet und gedroschen, gemahlen und zu Brot gebacken ist.

Aus Achtung vor dem so kostbaren Brot galt es geradezu als Sünde, etwas davon verkommen zu lassen oder gar wegzuwerfen. So hat man auch immer darauf geachtet, dass ja nicht zu viel Brot aufgeschnitten wurde. Blieb wirklich ein Rest, so wurde später eine Brotsuppe daraus.

Der hohe Respekt gegenüber dem Brot gebot es auch, dass nach altem Brauch ein Laib vor dem ersten Anschnitt auf der Unterseite mit der Messerspitze bekreuzigt wurde. Und da man im Brot und in jeder Speise gleichsam eine Gottesgabe sah, versäumte man es nie, vor und nach jeder Mahlzeit um das tägliche Brot zu beten. In vielen Häusern war es Brauch, stehend oder gar kniend, für Speis und Trank zu bitten und zu danken. Daran mussten sich auch die Dienstboten halten. Sie durften auch erst vom Tisch aufstehen, wenn der Bauer das abschließende Dankgebet gesprochen hatte.

Erziehung zur Bescheidenheit

Das Leben in der bäuerlichen Familie war geprägt vom wiederkehrenden Rhythmus der Jahreszeiten und den Arbeiten, die diese mit sich brachten. Es war durchdrungen von einer Anspruchslosigkeit, die wir uns in der heutigen Wohlstandsgesellschaft kaum noch vorstellen können. Die Kinder gewöhnte man schon frühzeitig daran, sich mit dem Einfachen und Nötigsten zu begnügen. Daher waren sie mit allem zufrieden; große Wünsche zu äußern kam ihnen nicht in den Sinn.

Wäschewaschen am Bach (1939)

Wie anspruchslos alle waren, ja einfach sein mussten, zeigte sich auch in der Kleidung. Die Frauen und jungen Mädchen hatten neben der notwendigen Werktagskleidung meist nur ein Sonntagskleid, auch die Männer hatten im Kasten für Sonn- und Feiertage nur ein einziges Gewand, meist eine Joppe und Hose. Im Winter trugen sie statt eines Mantels unter der Joppe eine handgestrickte Wollweste.

Die Kleidung für die Kinder schneiderte gewöhnlich die Bäuerin selbst oder es kam die Störnäherin ins Haus. Die Störnäherin wurde von der Bäuerin gerufen, wenn es wieder etwas zu flicken, zu ändern und neu zu schneidern gab. Mit ihrer kleinen Nähmaschine, die sie mit dem Fahrrad transportierte, erledigte sie alle anfallenden Arbeiten vor Ort, was meist mehrere Tage in Anspruch nahm.

Erziehung zur Bescheidenheit

Aus Sparsamkeit achtete man genau darauf, dass die Kleider und Hosen ja groß genug ausfielen, damit die Kleinen noch gut »hineinwachsen« konnten. Bei Bedarf wurden die Sachen immer wieder verlängert, geändert und vor allem geflickt. Und so verging für die Mutter kaum ein Tag, an dem es nicht irgendetwas zu richten gab. Was noch brauchbar war, wurde zuletzt an die jüngsten Geschwister zum »Auftragen« weitergegeben.

Fürsorge in der Familie auch im Alter (1951)

Leben in der Großfamilie

Große Freude über kleine Weihnachtsgeschenke im Kriegsjahr 1940

Mit Holzschuhen durch den Schnee

Bescheiden war man auch in der Fußbekleidung: Solange es das Wetter erlaubte, ging man bei der Arbeit barfuß oder trug billige Holzschuhe. Das galt natürlich auch für die Kinder. Zum hölzernen Schuhwerk gab´s im Winter gegen die Kälte dicke Wollsocken, an denen sich auf dem sehr langen Schulweg aber der Schnee festsetzte. So kamen die Schüler oft mit durchnässten Socken in der Schule an. Da blieb nichts anderes übrig, als alle Strümpfe über oder neben den warmen Kachelofen zu hängen. Bis zum Heimweg mussten sie ja wieder trocken sein.

Da eine derart dürftige Fußbekleidung keineswegs gegen den strengen Frost im Winter schützen konnte, kam es immer wieder zu Erfrierungen an den Zehen. Lederschuhe waren ein Luxus, den man sich nicht leisten konnte. Da war es schon ein bedeutendes Ereignis, wenn die Kinder zur Erstkommunion die ersten Lederschuhe bekamen. Sie wurden vom Schuhmacher, der ins Haus kam, in Handarbeit nach Maß angefertigt. Und natürlich waren auch die Schuhe anfangs viel zu groß und mussten zudem »geschont« werden, so gut es eben ging. Sie sollten ja lange halten. Gänzlich unbekannt waren pelzgefütterte Schuhe für den Winter, wie wir sie heute kennen.

Sparsam auch beim Einheizen

Sogar beim Einheizen wurde auf höchste Sparsamkeit geachtet. Gut aufwärmen konnte man sich in der kalten Jahreszeit eigentlich nur in der Stube beim Kachelofen oder in der Küche mit dem großen Herd. Mehr Räume im Haus zu beheizen, hätte als Verschwendung gegolten. In den Schlafkammern behalf man sich mit Dachziegeln oder großen Kieselsteinen, die man vorher im Bratrohr oder auf der heißen Herdplatte erwärmte und dann ins Bett legte. Vereinzelt gab es aber auch schon Wärmflaschen aus Blech. Warmes Wasser, z. B. zum Geschirrspülen, konnte man in geringer Menge aus dem Wasserschiff im Küchenherd schöpfen. Und zum wöchentlichen Bad in der Küche wurde auf dem Herd Wasser in einem Topf erhitzt, das dann in den großen Holzzuber oder in eine blecherne Badewanne gegossen wurde. Natürlich hatte nicht jeder in der Familie einen Anspruch auf ein frisches Badewasser.

Ein stets hochgehaltener Grundsatz war es auch, nichts wegzuwerfen. »Vielleicht kann man es wieder einmal brauchen«, konnte man immer wieder hören. So wurde z. B. altes Zeitungspapier mehrfach verwertet. Es diente zum Einwickeln von Lebensmitteln, aber auch zum Feuermachen. Die Kinder konnten sich daraus Papierschiffchen und andere Spielsachen bauen. Und zuletzt diente es, in kleine Teile geschnitten, als Toilettenpapier.

Nur kleine Geschenke

Wie bescheiden und einfach es in den Familien zuging, das zeigte sich auch in den Geschenken, die zu Weihnachten unter den Christbaum gelegt wurden. Es gab immer nur Kleinigkeiten, die man nicht kaufte, sondern selbst anfertigte. Beschenkt wurden gewöhnlich nur die Kinder, die sich über selbst gestrickte Strümpfe, eine Schürze oder einen Wollschal riesig freuen konnten. Spielsachen wie sie Stadtkinder hatten, waren auf dem Land ziemlich unbekannt. Meist bastelten der Vater oder der Großvater den Kleinen etwas zum Spielen. Auf dem Weihnachtsteller lagen lediglich selbst gebackenes Kletzenbrot und einfache Lebkuchen. Feineres Gebäck mit kostbaren Zutaten konnte man sich nicht leisten. Am Namenstag, der früher anstelle des heutigen Geburtstages in der Familie gefeiert wurde, gab es keine Geschenke. Das Namenstagskind bekam zur Feier des Tages lediglich seine Lieblingsspeise, z. B. einen Pudding.

Ansonsten waren die Kinder mit Kleinigkeiten zufrieden zu stellen. Hatten die Eltern mal in der Kreisstadt zu tun oder waren auf einem Markt oder bei einer Wallfahrt, so brachten sie ihnen etwas mit, ein paar Semmeln, eine Stranitze voll Bonbons oder einen Kreisel, eine Zopfspange oder Haarschleife.

Am Feierabend

An den Abenden, vor allem im Winter, saß die ganze Familie in der warmen Wohnküche oder Stube beisammen. Für die Mädchen und Frauen gab es immer etwas zu tun, die Burschen gingen gern in den Hoagarten zu Freunden oder auch ins Wirtshaus. Die Kinder scharten sich um die Großeltern, die ihnen Kindheitserlebnisse oder, was besonders spannend war, Geistergeschichten erzählten. Eine besonders beliebte Lektüre war für alle, neben der Zeitung, die »Patrik«, der alte Hauskalender, mit interessanten Informationen und erbaulichen Geschichten. Sie enthielt auch Bauern- und Wetterregeln und wichtige Hinweise zur Arbeit im Stall, auf dem Feld und im Wald. Und nie vergessen wurde auch die »Goffine«, die beliebte Postille, die in keinem Haus fehlte. Dieses religiöse Hausbuch war in den meisten Fällen auch das einzige Buch der Familie. Aus ihr las der Hausvater in den langen Abenden und vor allem an Festtagen religiöse Betrachtungen oder Stellen aus der Heiligen Schrift vor.

Es lebe hoch der Bauernstand

1. Es lebe hoch der Bauernstand, es lebe unser Land! Was diese Ding' bedeuten, ist jedem wohlbekannt. Der Bauer ist ein Meister, versorget Flur und Feld. Er mühet sich von fruah bis spat, zum Wohl der ganzen Welt.

2. Die Ehr auch seinem Weibe! Sie hält mit guter Hand
den Hausstand recht zusammen mit Herz und mit Verstand.
Sie denkt auch an die Freuden, die Gott gegeben hat,
sie weiß, was gut für Mann und Kind, bedenkt auch das Gesind.

3. So laßt uns auch noch loben das Tagwerk auf dem Land
und wie die Welt sich zeiget in lieblichem Gewand!
Kein Feind sie je bedränge, das Hofrecht bleib' bestehn!
Das bitten wir den lieben Gott, wenn abends zur Ruh' wir gehn.

Harte Bauernarbeit

Mehr als heute war früher das bäuerliche Leben von harter Arbeit geprägt. Und darum wurde den Kindern die Lebensregel schon in die Wiege gelegt: »Nur durch Fleiß bringt man's zu etwas.« Es mussten eben alle mithelfen, um den ererbten Hof, das »Sach«, zusammenzuhalten und hochzubringen und so zu Wohlstand zu kommen.

So ist es auch verständlich, dass die Eltern nicht allzu sehr darauf bedacht waren, ihren Kindern eine »schöne« Jugendzeit zu ermöglichen. In erster Linie sah man in den Kindern einfach wichtige Helfer bei der Arbeit, denn Maschinen standen noch kaum zu Verfügung. Aus diesem Grund hielten es die Eltern gar nicht für sehr wünschenswert und sinnvoll, den Kindern allzu viele Spielsachen in die Hand zu geben. Man wollte sie ja zur Arbeit erziehen und keineswegs zum Spielen. Erkenntnisse über den pädagogischen Wert des Spielens waren gänzlich unbekannt.

Auf keinen Fall wollte man die Kinder verweichlichen oder verwöhnen. Sie sollten durch ihre Mithilfe auf dem elterlichen Anwesen schon frühzeitig in die Arbeit hineinwachsen und damit auch eine persönliche Bestätigung und Befriedigung erfahren. Eltern und Kinder waren auf diese Weise durch die Arbeit eng miteinander verbunden, da sie nur gemeinsam bewältigt werden konnte. Und weil sich die Eltern durch die Kinder Hilfe und Erleichterung bei der Arbeit erhoffen konnten, wurden viele Kinder geradezu als Segen empfunden, zumal viele Familien so manchen Nachkömmling aufgrund heute harmloser Krankheiten verloren.

Das harte Los der Dienstboten

In der ersten Hälfte des vergangenen Jahrhunderts war die Bauernarbeit – bis auf wenige Ausnahmen – im Wesentlichen Handarbeit. Was heute eine einzige Maschine, z.B. ein Mähdrescher oder Mehrscharpflug, in ganz kurzer Zeit mühelos schafft, war nur in vielen Arbeitsgängen und mit vielen fleißigen Händen zu schaffen.

Die Hauptlast der schweren Arbeiten mussten die Dienstboten tragen, die von den Bauern nicht geschont wurden. Sie waren ja zum Arbeiten eingestellt. Es waren dies meist nachgeborene Söhne und Töchter von Bauern, die nicht als Hoferben in Frage kamen. Und so blieb ihnen nichts anderes übrig, schon mit zwölf Jahren als Knecht oder Magd auf einem fremden Hof zu dienen, in der Hoffnung freilich, vielleicht irgendwann einmal auf einem Anwesen, und sei's auch nur ein kleines »Sachl«, »einheiraten« zu können. Unter den Dienstboten waren auch viele, die ledige Kinder waren oder aus recht ärmlichen sozialen Verhältnissen kamen. Nicht wenige stammten von Kleinbauern, so genannten »Gütlern«, und von Tagelöhnern ab, die ihr Glück in der Fremde als Knecht oder Magd suchen mussten. Die aus heutiger Sicht kaum vorstellbare Situation der Dienstboten wurde einfach als gegeben hingenommen. Sie waren ziemlich rechtlos und der Willkür der Bauern ausgeliefert. Gerechterweise darf man aber nicht verschweigen, dass viele Bauern ihre Helferinnen und Helfer gut behandelt haben, sodass sie über viele Jahre auf dem Hof blieben.

Helfer des Bauern

Die Zahl der eingestellten Dienstboten richtete sich nach der Größe des Anwesens. Großbauern hatten einen Oberknecht, zwei bis drei Knechte und dazu noch einen »Buben«, noch mehr Kind als Jugendlicher. Und da auf Antrag der Eltern die Schulpflicht schon vorzeitig nach sechs Jahren beendet werden konnte, war so mancher Bub erst zwölf Jahre alt. Dafür musste er dann zwei Jahre länger die Sonntagsschule besuchen, eine Art Ersatzschule nach dem sonntäglichen Gottesdienst.

Seite 34:
Mühsames Pflügen
mit dem Ochsen-
gespann (1937)

Auszug aus einem Dienstbotenbuch um die Jahrhundertwende

Zu den männlichen Dienstboten kamen als weibliche Unterstützung noch eine Oberdirn und eine Unterdirn hinzu, die im Stall und auf dem Feld arbeiten mussten, sowie ein Hausmädchen – wie der Bub noch im Schulalter –, das der Bäuerin bei der Hausarbeit zur Hand gehen musste.

Feldbestellung mit dem Einscharpflug (1933)

Kleinere Bauern konnten sich nur wenige Ehhalten leisten. Ohne Helfer mussten dagegen die Gütler auskommen, die nur ein paar Tagwerk Feld und etliche Stück Vieh hatten. Bei einem kleinen »Sachl« konnten sie sich keine Dienstboten leisten.

Angesichts der geringen wirtschaftlichen Möglichkeiten waren die Gütler und Tagelöhner gezwungen, in der Erntezeit bei den großen Bauern auszuhelfen. Bei geringstem Stundenlohn wurden sie mit Naturalien wie Kartoffeln und Getreide entlohnt. Manche bekamen für ihre Arbeitsleistung als Entgelt einen ganz schmalen Streifen auf einem Feld des Bauern zugewiesen, den sie bearbeiten durften. Hier konnten sie Getreide, Kartoffeln und Rüben ernten und so Futter für die eigene Kuh und ein paar Schweine beschaffen.

Viele Kühe, Kälber und Ochsen im Stall

Die Arbeiten auf einem Hof waren genau eingeteilt. Die Stallarbeit war vor allem Sache der Knechte und Mägde, die Familienangehörigen halfen gewöhnlich nur bei Bedarf aus. So wurde es jedenfalls bei den größeren Bauern gehalten. Stand in einem Stall eine große Anzahl von Kühen, Kälbern und Ochsen, hatten die Dienstboten alle Hände voll zu tun, denn das Melken, Füttern und Ausmisten war noch reine Handarbeit. Von einer Melkanlage, einer automatische Fütterungs- und Entmistungsanlage träumte nicht einmal der fortschrittlichste Bauer. Und anders als heute wurde die Milch nicht vom Sammelwagen der Großmolkerei abgeholt. Man füllte sie in Kübel, die abends von den Kindern mit einem Leiterwagen zu einer Sammelstelle im Dorf gebracht wurden. Von dort wurde die Milch dann vom »Millifahrer« in großen Kübeln zur nächsten Molkerei transportiert. Ein Teil der Milch diente dem Eigenbedarf zum Kochen, Trinken und Buttern. Deshalb wurde jede Woche mit viel Geduld das hölzerne Butterfass gedreht. Die Butter wurde in kleine, flache Stücke geformt und, falls man etwas erübrigen konnte, an den Viktualienhändler, der regelmäßig ins Haus kam, verkauft.

Die schwere Arbeit der Pferde und Ochsen

Räumlich getrennt von den Rindern und Kälbern war der Stall für die Pferde. Sie waren neben den Ochsen die wichtigsten Helfer des Bauern bei allen anfallenden Arbeiten. So verfügte ein großer Bauer nicht selten über acht und mehr Pferde. Ihre Pflege war die Aufgabe des Rossknechts. Er musste sie füttern und striegeln und, wenn ein neues Hufeisen nötig war, zum Dorfschmied zum Beschlagen bringen. Wegen seiner wichtigen Funktion war dieser in der Dorfgemeinschaft sehr angesehen.

Für bestimmte Arbeiten, z. B. beim Ackern mit dem Einscharpflug, bewährten sich besonders die Ochsen, weshalb sie auf keinem Hof fehlten. Die kleinen Gütler, die sich kein Pferd leisten konnten, hatten im Stall meist nur einen einzigen Ochsen stehen, der für alle Arbeiten herangezogen wurde. Und wenn es auch dazu nicht reichte, wurde eine Kuh auch für alle Spanndienste eingesetzt.

Langer Arbeitstag bei der Ernte

Aus heutiger Sicht können wir uns gar viele Arbeiten, die früher jahraus, jahrein dem Bauern und seinen Dienstboten abverlangt wurden, kaum noch vorstellen, und das bei einem Arbeitstag, der

Harte Bauernarbeit

noch um vieles länger war als heute, zumal in der Erntezeit. Die Wiesen und Felder wurden entweder noch mit der Hand oder, falls man es sich leisten konnte, mit den vor 90 Jahren aufkommenden Mähmaschinen geschnitten. Erst in den 1940er-Jahren setzte sich bei der Getreideernte mehr und mehr der »Binder« durch, eine von Pferden gezogene Mähmaschine, die die geschnittenen Ähren gleich in Büschel band. Das war ein große Erleichterung bei der Erntearbeit.

Der Arbeitstag der Knechte begann im Sommer schon am frühesten Morgen, etwa um drei Uhr, denn aus Erfahrung wusste man, dass der Nachttau das Mähen sehr erleichtert. Am späten Vormittag, wenn sich schon die Sonne in die Wiesen und Felder legte, musste die schweißtreibende Arbeit beendet sein. Den Mähern, die Schwerstarbeit zu leisten hatten, schickte die Bäuerin eine besonders kräftige Brotzeit aufs Feld. Und dazu gab's dann noch den »Scheps«, ein Dünnbier mit nur wenig Alkohol. Trotz des frühen Beginns musste in der Erntezeit bis tief in die Nacht hinein gearbeitet werden, und das über viele Wochen. Beim Mähen achteten früher die Knechte peinlichst genau auf eine gute

Viele Hände waren beim Dreschen nötig, hier bei Ochsenfurt (1939)

Das mühsame Kornmandl-aufstellen (1935)

»Schneid«, also einen scharfen Schliff ihrer Sense. Denn hatte sie einmal ihre Schärfe verloren, war das Mähen doppelt anstrengend und der Schnitt wurde zudem unsauber. Ein gleichmäßiger Schnitt aber war der Stolz eines jeden Mähers. Und so wurde schon am Vorabend die Sense auf dem Dengelstock mit einem Hammer geschärft, eine Arbeit, bei der die Schnittfläche der Sense vom Dengler mit einem Hammer so lange beklopft wurde, bis sie ganz scharf war. Eine scharfe Sense war die Grundvoraussetzung für einen guten Schnitt.

Kornmandl auf dem Feld

Hinter den Mähern kamen gleich die Frauen und Mädchen, die die geschnittenen Ähren mit der Hand aufhoben und zu Garben zusammenbanden. Diese Tätigkeit war äußerst mühsam und anstrengend und erforderte viel Geschicklichkeit. Aus Sparsamkeit verzichtete man beim Zusammenbinden vielfach auf eine Bindeschnur und umwickelte die Getreidebüschel mit einer Handvoll Strohhalmen. Nach dieser äußerst beschwerlichen Arbeit mussten die Garben, jeweils fünf bis sieben Stück, aber noch zu

Harte Bauernarbeit

Opa und Enkel auf dem Weg zur Heuarbeit (1941)

»Mandl« zusammengestellt werden, damit das Getreide ein paar Tage auf dem Feld nachreifen konnte. Das Kornmandlaufstellen war hauptsächlich eine Arbeit für die Mägde und Frauen, aber auch die Kinder mussten schon zugreifen.

Wie bei der Heuernte herrschte auch beim Einfahren des Getreides eine bewährte Arbeitsteilung. Die schweren Getreidegarben wurden auf dem Feld von den Männern mit einer spitzen Gabel auf einen großen hölzernen Leiterwagen geladen. Dort hatte schon die Oberdirn Platz genommen, um die Garben ordentlich anzuordnen, sodass das Gewicht schön gleichmäßig verteilt war. Die Mitterdirn und die übrigen Frauen rechten hinter dem Wagen zusammen, was an Ähren noch am Boden lag. Der Bub hielt sich bei den Rössern oder Ochsen auf, die die schwere Ladung ziehen mussten. Er verjagte bei den Tieren auch die lästigen Bremsen und fuhr auf Zuruf den Wagen ein Stück vorwärts.

Hatte das Fuder an Höhe gewonnen, so reichte ein Knecht der Oberdirn vor der Abfahrt vom Feld den langen »Heu-« oder »Wiesbaum« auf die hohe Fuhre hinauf, der dann mit Seilen am Wagen kraftvoll festgezurrt wurde. Nun ging's über holprige, schmale Feldwege heim in die Scheune. Wie waren da alle froh, wenn wieder ein Fuder sicher in die Tenne oder gar in die Hochtenne gebracht war. Hier wartete auf die Männer eine nicht minder schwere Arbeit: Die Getreidebüschel mussten wieder mit der Gabel vom Wagen abgeladen und im »Stock« gelagert werden.

Kartoffelernte ohne Maschine

War das Getreide endlich in die Scheune eingebracht, so musste schon bald an die Kartoffelernte gedacht werden, ein nicht weniger mühevolles Geschäft, denn die moderne Klaubmaschine, die lediglich von wenigen Helfern bedient wird und in ein paar Stunden ein großes Feld aberntet, war noch nicht erfunden. Die Erdäpfel, wie die Kartoffeln noch heute auf dem Land heißen, wurden mit dem Einscharpflug oder später mit einem einfachen Roder, der zunehmend Verwendung fand, aus dem Boden gepflügt. Und nun mussten alle Hände zusammenhelfen, um die gerodeten Kartoffeln aufzuklauben. Dazu wurden auch zusätzliche Helfer benötigt. Natürlich wurden auch die Kinder mit herangezogen, um die Kartoffeln in Weidenkörbe zu füllen, die dann von den Knechten auf einen Wagen entleert wurden. Da sich die Kartoffelernte ein paar Wochen hinzog, sehnte jeder Klauber das Ende herbei – alle hatten schon einen krummen Rücken.

Viele Helfer bei der Kartoffelernte (1958)

Nach Abschluss der Klaubaktion freuten sich alle, vor allem die Kinder, wenn an sonnigen Oktobertagen die Haufen mit den dürren Kartoffelstauden auf dem leeren Feld verbrannt wurden. Das waren weithin sichtbare Feuer, deren Rauch über die Felder zog. Zuletzt wurden noch ein paar Handvoll Erdäpfel in die Glut geworfen. Alle ließen sich die oft reichlich angekohlten Früchte des Ackers, auch ohne Salz, schmecken. Und jedem stand die Freude darüber im Gesicht, dass die schwersten Arbeiten des Jahres nun bald ein Ende haben würden.

Pflügen nach der Ernte

Nach dem Abräumen der Felder ging es sofort ans Pflügen. Anders als heute, da hinter PS-starken Traktoren riesige Mehrscharpflüge die Scholle wenden, gehörte auch das Ackern früher zu den besonders schweren Arbeiten. Mit dem Einscharpflug, gezogen von ein oder zwei Ochsen oder Pferden, wurden in mehrtägiger Arbeit die abgeernteten Felder umgepflügt. Der eiserne Pflug musste vom Knecht mit der Hand genau in der langen Furche geführt werden – eine beachtliche Leistung bei einem mehrere Tagwerk großen Feld. Soweit es die Witterung erlaubte, wurden dann gleich die Ackerschollen mit der eisernen Egge für die Aussaat des Wintergetreides vorbereitet. Diese Feldarbeiten, die heute von Maschinen in wenigen Stunden ausgeführt werden, zogen sich über mehrere Wochen hin, bis in den späten Herbst und beginnenden Winter hinein. Wenn sich die dichten Nebelschwaden über den Fluren nicht mehr auflösten und auch die Rüben und das Kraut eingefahren waren, wurde es endlich ruhiger. Die Außenarbeiten waren getan.

Essen wie ein Drescher

Aber noch stand ja das Dreschen an. Auch wenn die Dreschflegel vor 70 Jahren in den meisten Höfen längst ausgedient hatten, war das Dreschen immer noch eine schwere, Zeit raubende Arbeit.

Auf einem Dreschplatz bei Volkach: Erfrischung aus einer Korbflasche mit selbst gekeltertem Most (1957)

Harte Bauernarbeit

Und das, obwohl die Dampfdreschmaschine, ein technisches Monstrum, schon ihren Einzug gehalten hatte. Solch eine Dreschmaschine musste vom Maschinisten schon eine Stunde vorher angeheizt werden, damit genügend Dampf im Kessel war. Später trat an ihre Stelle eine mit elektrischem Strom betriebene Maschine. Die Dreschmaschine war fahrbar und gehörte einem Lohndrescher, der von Hof zu Hof zog und immer mehrere Tage beschäftigt war.

Beim Dreschen, das je nach Hofgröße mehrere Tage dauern konnte, waren viele Helfer nötig. Deshalb unterstützten sich die Bauern untereinander gegenseitig. Jedem Helfer wurde sein Arbeitsplatz zugewiesen: Ein paar mussten in den »Getreidestock«, ein paar auf die »Überblo« (Plattform über der Tenne), wieder andere auf die Dreschmaschine, um die Garben aufzutrennen. Andere mussten das gedroschene Stroh wieder binden und wegtragen, und besonders kräftige Mannsbilder schleppten die gefüllten Getreidesäcke auf den Getreideboden unter dem Dach. Und weil das Dreschen eine besonders schwere und vor allem recht staubige Arbeit war, kam an diesen Tagen immer etwas besonders Kräftiges auf den Tisch. Es wurde nicht gespart mit Fleisch und Schmalznudeln, für die Männer gab es sogar Bier. Es ist gut verständlich, dass alle, die beim Dreschen mithalfen, auch einen großen Appetit hatten. So erklärt sich auch die Redensart: »Der isst wie ein Drescher!«

Säen mit der Hand

Im Vergleich zum voll mechanisierten und computergesteuerten Hof unserer Tage standen nur ganz wenige und dann recht einfache Maschinen zur Verfügung. Bauernarbeit war eben fast ausschließlich noch Handarbeit. Denken wir nur an das Säen. Wer sich keine Sämaschine leisten konnte, säte das Saatgut noch weitwürfig mit der Hand aus. Der Sämann trug es in einem geflochtenen Korb vor dem Bauch – so war es vor allem im Bayerischen Wald und in der Oberpfalz üblich – oder aber im blauen Schurz, dem »Schaber«, und streute es mit Schwung in weitem Bogen

Im Bayerischen Wald: Aussaat mit dem Säkorb (1936)

übers Feld, eine Arbeit, die Geschicklichkeit und Augenmaß erforderte. Es sollte nicht zu viel und nicht zu wenig auf eine Stelle gestreut werden. Und worauf besonders geschaut wurde: Es durfte kein Fleckerl auf dem großen Acker vergessen werden. Das wäre spätestens entdeckt worden, wenn sich im Frühjahr die junge Saat zeigte. Wer's nicht so gut konnte, der musste sich mancherlei Spott gefallen lassen.

Arbeiten im Wald

In den ruhigen Wintermonaten war der Bauer jeden Tag, soweit es das Wetter erlaubte, mit den Knechten im Wald bei der Holzarbeit. Was von den gefällten Bäumen nicht gleich zum Sägewerk kam, wurde mit Pferdefuhrwerken auf den Hof gebracht, zu Brennholz verarbeitet und zum Trocknen oft überaus kunstvoll aufgeschlichtet.

In einer Zeit, in der man auch Energiekosten sparte, wurden auch die bei der Holzarbeit im Wald angefallenen Fichtenzweige, die »Daxen«, noch verwertet. Die langen Äste, die heute meist liegen gelassen werden, wurden zum Hof transportiert und von den

Harte Bauernarbeit

Bauer aus dem Ries in typischer Arbeitskleidung: Frühjahrsaussaat mit dem Säsack (1935)

Mägden auf Hackstöcken zerkleinert, gebündelt und zum Trocknen gelagert. Das dürre Astwerk diente dann das Jahr über als leicht brennbarer Zündstoff zum Feuermachen. Kleinmaterial, das nicht mehr gebündelt werden konnte, fand im Stall als Einstreu noch Verwendung. Es sollte nichts verlorengehen.

Wandel auch in der Landwirtschaft

In der Landwirtschaft ist in den letzten Jahrzehnten ein totaler Strukturwandel eingetreten. Ein Rückblick zeigt uns gravierenden Veränderungen in allen Bereichen. Bis in die 50er-Jahre des vergangenen Jahrhunderts hinein bearbeiteten die Bauern vergleichsweise kleine Parzellen, die weit verstreut in der Flur lagen. Ein Einsatz der heutigen großen Erntemaschinen (Mähdrescher und Kartoffelklaubmaschine) wäre nicht möglich gewesen. Diese Zerstückelung war ja auch eine zentrale Begründung für die vor 50 Jahren durchgeführte Flurbereinigung. Die Erträge waren im Vergleich zu heute noch sehr gering. Aber dazu trug wohl auch bei, dass hauptsächlich biologisch gedüngt wurde und chemische Pflanzenschutzmittel nicht zum Einsatz kamen – eine Arbeitsweise, die heute wieder neu entdeckt wird und vielen Bauern neue Möglichkeiten auf dem Markt erschließt.

Die eingetretenen Veränderungen hatten auch zur Folge, dass Dienstboten überflüssig wurden. Sie wurden zunehmend durch Maschinen ersetzt. Ihr Lebenssinn war die Arbeit, das ganze Jahr hindurch. Sie waren die Stützen eines jeden Hofes, auch wenn dies oftmals nicht gebührend honoriert wurde. Eine etwas ruhigere Zeit waren für die Ehhalten nur die Tage um Mariä Lichtmess. Ein Arbeitsjahr war zu Ende, ein neues begann. Nach der damals gültigen Dienstbotenordnung war an Lichtmess auch Zahl-

Roggenernte mit dem Binder: Die Ähren werden geschnitten und zu Garben gebunden (1968).

Harte Bauernarbeit

tag: Die Ehhalten erhielten ihren gesamten Jahreslohn ausbezahlt, der, an heutigen Gehaltsvorstellungen gemessen, unglaublich niedrig war. So erhielt z. B. eine Dirn als jährlichen Lohn nur etwa 200 Mark. Selbst wenn ein Bauer seinem treuen Knecht und seiner fleißigen Magd noch etwas mehr zahlte und ein paar Holzschuhe schenkte, so war die Entlohnung doch sehr gering. Da aber die Dienstboten sonst keine Möglichkeit für einen anderen Broterwerb hatten, mussten sie eben zufrieden sein.

Rieser Bauer bei der Feldbestellung: kurze Rast auf dem einfachen Pflug (1935)

Kronacher Flößerlied

2.) Des Morgens, wenn es 9 Uhr schlägt, wir zum Frühstuck seins bewegt. Da muß der Bursche laufen, Bier und Branntwein einzukaufen, da trinkt ein jeder nach seinem Maß 4-5-6-7-8-9 Glas.

3. Des Mittags, wenn es 12 Uhr schlägt, wir zum Fressen seins bewegt. Dann ergreifen wir Messer und Gabel, fangen herzhaft an zu schnabeln, da wirds dem Meister angst und bang, denn die Flößer fressen lang.

4. Des Nachmittags, wenn es 4 Uhr schlägt, wir zum Halberombt seins bewegt. Dann muß der Bursche laufen, Bier und Pressack einzukaufen. Dann trinkt ein jeder nach seinem Maß 4-5-6-7-8-9 Glas.

5. Des Abends, wenn es 6 Uhr schlägt, wir zum Feierombt seins bewegt. Dann geht es in die Stadt hinein, wo lauter schöne Mädchen sein. Da wird gesoffen die ganze Nacht, bis das Geld ist durchgebracht.

Berufe, die ihr Auskommen hatten

Was braucht ma auf'm Bauerndorf?« So besingt ein altes Lied all jene, die früher aus dem Dorfleben nicht wegzudenken waren. Zur Dorfgemeinschaft gehörten nicht nur die Bauern und die Dienstboten, der Pfarrer und der Lehrer, sondern auch die Handwerker. Freilich haben viele der alten Handwerker, die einst auf dem Dorf ihr gutes Auskommen hatten, ihren Traditionsberuf längst an den Nagel gehängt. Und gar oft ist inzwischen sogar der gesamte Berufsstand ausgestorben. Maschinen und Fabriken haben so manchen früher unverzichtbaren Handwerker brotlos gemacht, da mit den heutigen technischen Möglichkeiten viele Arbeiten schneller und billiger ausgeführt werden.

Viele Handwerker haben ihren Beruf auch deshalb aufgegeben, weil für ihre Erzeugnisse und Dienste kein Bedarf mehr bestand. Hinzu kam noch, dass sich in den vergangenen Jahrzehnten der Geschmack der Kunden änderte. Gefragt waren nach dem Zweiten Weltkrieg z. B. nicht mehr handgemachte Schuhe nach Maß, sondern modische Schuhe aus der Fabrik, und auch nicht mehr Kleider von der Näherin, sondern Konfektion von der Stange. Vor allem aber sollte alles recht billig sein. Gute Handwerksarbeit kostete eben schon immer ihren Preis. Andererseits entstanden durch die vielfältigen Möglichkeiten der Technik auch ganz neue Berufszweige, die die veränderten Bedürfnisse der Kunden befriedigten.

Der Müller – eine Vertrauensperson

Im alten Dorf hatten vor allem jene Handwerker ihr gutes Auskommen, die mit den Bauern eng zusammenarbeiteten. Hier ist an den Müller zu denken, bei dem das Getreide abgeliefert werden konnte. Seine Mühle stand gewöhnlich an einem Bach, dessen Wasser gerade ausreichte, um das große hölzerne Mühlrad anzutreiben. Meist handelte es sich nur um einen kleinen Betrieb, der den Müller und seinen Burschen gerade ernährte.

Jeder Müller hatte seine feste Kundschaft, meist auch in den umliegenden Dörfern. Brachte ein Bauer das Getreide zur Mühle, so konnte er es gegen Mehl eintauschen. Schon immer war das Mahlen natürlich eine Vertrauenssache: Die Bauern hielten ihrem Müller deshalb oft über Generationen hinweg die Treue.

Hufeisen vom Schmied

In einer Zeit ohne Traktor, als noch Ochsen und Pferde im Stall standen, war er sicherlich einer der wichtigsten Handwerker: der Huf- und Wagenschmied. Seine Hauptbeschäftigung war das Beschlagen der Pferde. Und das war eine Tätigkeit, die eine große Meisterschaft erforderte. Nach altem Volksglauben erfüllte der Schmied sogar einen göttlichen Dienst, da er mit seiner Hände Arbeit Pflug und Schwert schmiedete und Mensch und Tier von Krankheiten heilte. Auf den Schmied war früher einfach jeder Bauer angewiesen. Brachte man ihm ein Pferd zum Beschlagen, so setzte das schon ein großes Vertrauen voraus. Denn nur der Meister und sein Geselle hatten die Kunstfertigkeit und das Einfühlungsvermögen, um dem Pferd ein neues Hufeisen aufzusetzen, und natürlich durfte das Tier dabei keinen Schmerz verspüren. Die Prozedur war dabei immer dieselbe: Zuerst wurde das Pferd vor der Schmiede angebunden. Nun konnten die alten Hufeisen abgezogen, die Hufe beschnitten, befeilt und das noch glühende neue Eisen nach Maß aufgesetzt werden. Bevor die Technik auch in der Landwirtschaft ihren Einzug gehalten hatte, war der Schmied mit dem festen Lederschurz ein viel beschäftigter Mann,

*S. 52:
Floßküche mit Bierfass: Die Mainflößer mussten sich auf ihren Fahrten bis nach Holland selbst versorgen. Jedem standen sieben Liter Bier pro Tag zu (1938).*

Hufeisen vom Schmied

In der Dorfschmiede: Ein neues Hufeisen wird angepasst (1936).

sein weithin klingender Amboss und das offene Feuer in der rußgeschwärzten Esse gehörten früher zum Bild fast jeden Dorfes.

Aufträge für den Wagner

Viel zu tun hatte einst, ähnlich wie der Schmied, auch der Wagner, dessen Beruf heute gänzlich ausgestorben ist, aber noch immer in den Nachnamen vieler Menschen fortlebt. Aus seiner Werkstatt kamen all die hölzernen Wagen, die früher gebraucht wurden:

In der Hammerschmiede: Durch Wasserkraft werden die riesigen Hämmer in Bewegung gesetzt (1936).

einfache Wagen für die Feldarbeiten, große Leiterwagen für die Heu- und Getreideernte, daneben geschlossene Kasten- und Bruckenwagen. Und für kleine Besorgungen wurde bei ihm ein Stellwagen, ein so genanntes Gäuwagerl, in Auftrag gegeben, das meist nur von einem Pferd gezogen wurde. Mit dem Gäuwagerl fuhr der Bauer zum Viehmarkt in die Kreisstadt oder zu einem Verwandtenbesuch ins nächste Dorf.

Alles, was fahrbar sein sollte, bekam vom Wagner die passenden Räder. Sie waren ganz aus Holz, bis auf den Eisenreifen, der vom Schmied auf die Lauffläche aufgezogen wurde. Bei einem Wagenrad bestanden die Nabe (Radhaufa) aus Eiche, die Speichen aus Esche und die Felgen aus Buche.

Daneben fertigte der Wagner auch alle Rechen an, die zur Feldarbeit gebraucht wurden. Und das waren nicht wenige angesichts der vielen Helfer, die bei der Ernte nötig waren. In manchem Ort gab es neben dem Wagner aber noch einen eigenen Rechenmacher.

Neben verschiedenen Rädern bekam man beim Wagner auch Holzstiele für Gabeln, Schaufeln und Pickel, für Äxte und Hämmer.

Handwerker auf der Stör

Zu ihm kam aber auch, wer einen Pferde- und Kinderschlitten oder einen Eisstock brauchte.

Handwerker auf der Stör

Viele Handwerker beschränkten sich nicht auf das eigene Dorf, sondern weiteten ihre Tätigkeit auch auf andere Orte aus. Sie hatten ein großes »Gäu«, um an genügend Aufträge zu kommen und so ihre Existenz zu sichern. Und deshalb machten sie sich immer wieder, in regelmäßigen Abständen, zu Fuß oder mit dem Fahrrad oder später auch mit dem Motorrad auf oft lange, beschwerliche Wege in andere Dörfer, wo sie ihre Kundschaft hatten. Sie gingen, wie man sagte, auf die »Stör«. Störhandwerker waren der Schuster, der Sattler, der Schreiner und der Zimmerer, aber auch die Nahderin, die Näherin.

Eine der letzten Hammerschmieden in Hindelang/Bad Oberdorf (1953)

Berufe, die ihr Auskommen hatten

Oberstdorfer Schuhmachermeister mit der alten Schusterkugel (1936)

Angesehene Handwerker

Er wurde schon immer sehnlichst erwartet, bis er kam, der Schuster. Denn bei den vielen Leuten auf dem Hof gab es immer etwas zum Flicken. In seinem Rucksack hatte er alles bei sich, was er brauchte: das nötigste Werkzeug, den Dreifuß und verschiedene Leder. Gewöhnlich hatte er schon ein paar Tage zu tun, bis das gesamte Schuhwerk der ganzen Familie wieder in Ordnung gebracht war. Nur selten bekam der Schuster den Auftrag, ein Paar neue Schuhe anzufertigen. Es hatte ja jeder nur ein Paar Feiertagsschuhe. Mit großer Genauigkeit nahm er dann Maß am Fuß der Bäuerin, des Kindes oder der Magd. Und nun wichen die Kleinen nicht mehr von ihm. Denn es war schon ein Erlebnis für sie, ihm zuzusehen, wie unter seiner Hand die neuen Schuhe für Sonn- und Feiertage entstanden. An Werktagen mussten es einfache Holzschuhe tun, soweit es eben die Witterung erlaubte.

Ältere Menschen erinnern sich noch gut an ihre ersten Lederschuhe, die ihnen der Schuster zur Erstkommunion anfertigte. Erst in den 1930er-Jahren kamen Halbschuhe in Mode, vorher gab's nur Stiefel. Es versteht sich von selbst, dass die Lederschuhe möglichst groß bemessen waren, damit sie recht lange getragen werden konnten. Und natürlich wurden die kostbaren Schuhe sehr geschont und bei Bedarf immer wieder besohlt, bis sie zuletzt noch ein anderer aus der Familie zum Auftragen bekam.

Genauso wie der Schuster ging ein anderer Handwerker auf die Stör, der auch Leder verarbeitete. Es war der Sattler, der wie der Wagner und der Schmied für den Bauern sehr wichtig war. Zu einer Zeit, als noch keine PS-starke Traktoren ein gutes Dutzend

Kübelmacher am Schneidesel, »Schnitzelgoaß« (1936)

Ein Mainfischer aus Randersacker wirft mit Schwung sein Netz aus (1938).

Ochsen und Pferde im Stall ersetzten, hatte er immer alle Hände voll zu tun. Denn immer wieder brauchten die Ochsen ein neues Stirnjoch und die Kühe, soweit man sie einspannte, ein Kummet. Das Stirnjoch musste ebenso wie das Kummet, das um den Hals der Rinder gelegt wurde, gut gepolstert und mit Leder besetzt sein, damit sich die Tiere beim Ziehen nicht wundreiben konnten.

Neben den Rindern sorgte sich der Sattlermeister besonders um die Pferde, die er mit allem auszustatten hatte, was sie für ihre Zugdienste brauchten. So musste auf jedem Hof für jedes Pferd zumindest ein Kummet oder ein Brustgeschirr und Zügel zum Führen vorrätig sein. Und für die kalte Jahreszeit, aber auch wenn die Pferde einmal ins Schwitzen kamen, durfte eine warme Decke nicht fehlen, die man den Tieren überwarf. Für die Arbeit im hügeligen Gelände fertigte der Sattler zusätzlich noch ein Hintergeschirr, das zum Bremsen diente. Alle diese Arbeiten machte er entweder in seiner Werkstatt oder aber am Hof des Bauern, wenn er, vor allem in den Wintermonaten, auf die Stör ging.

Wie der Schuster hatte er das erforderliche Werkzeug und Material wie Leder und Seile im Rucksack dabei, sodass er meist alle

Arbeiten an Ort und Stelle ausführen konnte. Wie die anderen Störhandwerker blieb er meist mehrere Tage auf einem Hof, bis alles wieder in Ordnung gebracht war. In dieser Zeit wohnte er im Haus und wurde von der Bäuerin verköstigt. Es versteht sich, dass sie sehr bemüht war, sich von der besten Seite zu zeigen, denn ein Sattler kam ja in viele Häuser. Jede Bäuerin war auf ihren guten Ruf bedacht.

Nach einer alten Redensart brauchte ein Sattler mindestens neun Dörfer, um für sich, seine Gesellen und Lehrbuben das ganze Jahr hindurch genügend Arbeit zu haben. Und damit es ja reichte, verstand sich ein richtiger Sattler meist auch auf die Polsterei. Ein neuer Diwan oder ein Lederkanapee wurde immer wieder mal gebraucht, vor allem dann, wenn auf dem Hof eine Hochzeit anstand. Deshalb kamen zu ihm Brautleute, um sich von ihm Kastenmatratzen mit Sprungfedern anfertigen zu lassen. So mancher Austragsbauer wünschte sich einen bequemen Ohrenbackenstuhl, ein sehr beliebtes Möbelstück. Eine Spezialität des Sattlers war auch die Ausstattung von Kutschen und Chaisen, die er mit Dächern aus Leder oder Stoff versah und in bester Handarbeit auspolsterte.

Köhler im Spessart mit Meiler und Köhlerhäuschen (1936)

Berufe, die ihr Auskommen hatten

Mit Beginn der 1950er-Jahre und der damals einsetzenden Volltechnisierung in der Landwirtschaft gab es für den einst viel beschäftigten Sattler immer weniger zu tun. Er wurde überflüssig und bekam keine Aufträge mehr. So sperrten nach und nach viele der älteren Handwerker ihre Werkstatt endgültig zu, die jüngeren spezialisierten sich als Raumausstatter oder wanderten in andere Berufe ab. Ein alter, traditionsreicher Berufsstand hörte auf zu existieren.

Die Schneiderin – eine große Könnerin

In einer Zeit, da man Kleidung noch nicht fertig von der Stange im Geschäft kaufte, da man noch nicht darauf achtete, was gerade modisch war, da Kleidung noch ein Gut war, das man möglichst lange erhalten wollte, war die Schneiderin stets sehr gefragt und, wenn sie unterwegs war, ein gern gesehener Gast auf jedem Hof. Eine gute Näherin hatte ihre feste Kundschaft und kam auf Wunsch mehrmals im Jahr ins Haus. Gewöhnlich blieb sie mehrere Tage, manchmal sogar Wochen, wenn sich seit ihrem letzten Besuch wieder viel angesammelt hatte, was an Kleidern und Hem-

Filetstickerinnen aus der Rhön bei der Heimarbeit (1933)

Die Schneiderin – eine große Könnerin

Berchtesgadener Heimarbeiten: Spielsachen, Figuren und Spanschachteln in handwerklicher Vollendung (1953)

den, an Hosen und Joppen dringend einer Reparatur bedurfte. Denn schließlich sollte alles aufgetragen werden. Es war ja eine Selbstverständlichkeit, dass nichts weggeworfen wurde, was noch irgendwie brauchbar war. Und was eine tüchtige Störnäherin war, die verstand es allemal, aus einem alten Kleid oder einer zerrissenen Schürze der Mutter eine Bluse oder ein Hemdchen für die Kinder zu machen. Wie groß war da die Freude der Kleinen, wenn hin und wieder für sie ein neues Stück abfiel.

Die Kleidung für die Kinder sollte eine lange Lebensdauer haben, weshalb die kurzen Hosen in der Regel zu lang ausfielen. Sie reichten weit über die Knie und waren zum Hineinwachsen geschaffen. Auch die Sonntagskleidchen für die Mädchen waren reichlich bemessen und wurden immer wieder verlängert.

Ganz anders als heute gab es keine spezielle Kindermode: Die Kleider der Kinder unterschieden sich von denen der Erwachse-

Wäscheschrank mit selbstgewebten Leinenstoffen (1943)

nen lediglich in der Größe. Aber das tat der Eitelkeit der Kleinen keinen Abbruch. Sie freuten sich an Kleinigkeiten und waren es gewöhnt, zugunsten der übrigen Geschwister eigene Wünsche zurückzustellen.

Stand eine Hochzeit bevor, so hatte die Störschneiderin besonders viel zu tun. Es machte ihr aber große Freude und war auch eine Anerkennung ihrer Arbeit, wenn man sie rief, für eine Braut all das zu nähen, was sie als Aussteuer in den Ehestand mitbringen sollte. Da sich auch die Brautmutter von der großzügigsten Seite zeigen und ihre Tochter standesgemäß ausstatten wollte, bestellte man die Störschneiderin schon Wochen vor dem Hochzeitstermin. Sie musste ja die großen Vorräte an verschiedenen Stoffen zu Bett- und Tischwäsche, zu Blusen und Kleidern und vielem anderen, was eine Hochzeiterin für ihren neuen Hausstand brauchte, verarbeiten. Am Hochzeitstag wurde dann alles, schön geordnet neben Stoffen und Wolle, im Aussteuerschrank präsentiert. Ein prall gefüllter Kasten war der Stolz jeder Braut. Am Hochzeitstag inspizierten nicht ohne Neugierde alle Gäste, was die Näherin in wochenlanger Arbeit geschaffen hatte. Nach altem Brauch versäumte man es nämlich nie, das »Sach« der Braut kritisch in Augenschein zu nehmen.

Die Störnäherin der Hochzeiterin hatte auch ein Privileg: Am Morgen des Hochzeitstages durfte sie allen Gästen, wenn sie im Haus der Braut eintrafen, ein grünes Myrtensträußchen ans Kleid oder Revers stecken, ein Dienst, der stets mit einem kleinen Obolus belohnt wurde.

Der Schäffler – ein Handwerk mit großer Tradition

Ein weit verbreitetes, höchst angesehenes Handwerk war früher der Schäffler, auch Büttner oder Fassbinder genannt. In einer Zeit, als die zahlreichen Brauereien und brauberechtigten Bauern ihr Bier noch in ausgepichten, mit flüssigem Harz abgedichteten Holzfässern lagerten, konnte er nicht über Auftragsmangel klagen. Eine Konkurrenz durch moderne, pflegeleichte Aluminiumfässer gab es ja noch nicht.

Es war eine große Handwerkskunst, wenn der Schäffler den zugeschnittenen, mehrere Jahre getrockneten Fassdauben aus Eichenholz mit dem Schnitzeisen die gewünschte Rundung gab und sie in die konische Form brachte. Nicht weniger schwierig war es, die Dauben dauerhaft zu biegen. Dazu war ein kompli-

Berufe, die ihr Auskommen hatten

In einer Schäfflerwerkstatt: Der Fassring wird aufgezogen (1939).

ziertes Verfahren erforderlich. Zuerst mussten die Hölzer in einem großen Kessel »gekocht« werden. Erst dann konnte man sie mit verschiedenen Klammern heiß und nass zugleich in der Presse in die gewünschte ovale Form drücken. Nicht weniger Geschicklichkeit und Erfahrung des Schäfflers waren nötig, um zuletzt mit Hammer und Keil die vom Schmied angefertigten Eisenringe über das neue Fass zu treiben. Aber damit war das Fass noch lange nicht dicht. Deshalb musste in einem Topf das Pech erhitzt und mit einem Trichter in das Fass eingefüllt werden. Damit das flüssige Fichtenharz auch die Innenwände zuverlässig abdichtete, ging

Der Schäffler – ein Handwerk mit großer Tradition

Der Wetzsteinmacher bereitet eine Steinplatte durch Pecken (Zurechthauen) zum Schleifen in der Schleifmühle vor (1940).

der Schäffler nun daran, das Fass in schnellen Bewegungen auf dem Boden hin und her zu rollen, um so alle Fugen auszufüllen und abzudichten. Vorher musste freilich noch das Spundloch verschlossen werden.

In der Gegenwart erlebt der traditionsreiche Beruf des Schäfflers, der schon ausgestorben schien, wieder eine leichte Belebung. Denn viele Brauereien bieten ihren Kunden wie früher Bier in Holzfässern an, was gerade bei Gartenfesten ein Flair von Tradition und Gemütlichkeit verbreiten hilft. Freilich werden diese Fässer nicht mehr in der engen Werkstatt eines Schäfflers in Handarbeit hergestellt. Sie kommen meist aus großen Fassfabriken mit maschineller Fertigung und sind dadurch preiswerter.

An die traditionsreiche Zunft der Schäffler erinnern an vielen Orten, z.B. in Murnau, Schäfflertänze, die in der Faschingszeit dargeboten werden. Die Münchner Schäffler tanzen alle sieben

Eine gefährliche Arbeit: Ein Wetzsteinmacher aus dem Ammergau transportiert große Steinplatten zu Tal wo sie zersägt, behauen und geschliffen werden (1940).

Jahre. In der Landeshauptstadt war es früher Brauch, dass sie ihren ersten Tanz vor dem regierenden Fürstenhaus aufführten. Heute beginnen sie ihre Tanzsaison vor dem bayerischen Ministerpräsidenten am Dreikönigstag.

Der Schäfflertanz geht nach der Sage auf das Pestjahr 1517 zurück, als der »Schwarze Tod« wie viele andere europäische Städte auch München heimsuchte. Aus Angst vor Ansteckung wagten sich die Bürger nicht mehr auf die Straßen. Um ihnen die Furcht zu nehmen, sollen sie die Schäffler mit ihrem Zunfttanz wieder aus den Häusern gelockt und ihnen wieder neuen Mut gemacht haben. Zum Dank für das Ende der Pest und zur Erinnerung an die schreckliche Zeit ordnete Herzog Wilhelm IV. an, dass die Schäffler ihren Tanz auch in Zukunft aufführen sollten. Seit 1760 hat sich der heutige siebenjährige Turnus eingebürgert. Bis heute erfreuen die Schäffler in ihrer traditionellen Tracht mit ihrem imposanten Reigentanz die Münchner und vielen Gäste.

Stricke vom Seiler, Leder vom Gerber

Verschwunden aus der Liste ehrsamer Berufe sind heute auch einst so renommierte Handwerker wie der Seiler und der Gerber. Der Seiler fertigte in seiner Werkstatt Seile, Stricke und Schnüre an, die auf jedem Hof, bei der Stall- und Feldarbeit, unerlässlich waren. In allen gewünschten Längen und Stärken stellte er aus Hanf die so wichtigen Hilfsmittel her, die bei vielen Arbeiten benötigt wurden. Man denke nur an die dicken Seile, mit denen der Wiesbaum auf dem beladenen Fuder befestigt wurde. Daneben war der Seiler ein wichtiger Lieferant des Sattlers, der die Geschirre für Pferde und Ochsen herstellte. Aus seinen Händen stammten auch die langen Seile, mit denen einst die Kirchenglocken zum Klingen gebracht wurden. Längst gibt es auf unseren Dörfern keinen Seiler mehr, denn die heute verwendeten Hanfseile werden in Fabriken hergestellt.

Bauer aus dem Berchtesgadener Land beim Schindelmachen am Schneidesel (1937)

Am Fangplatz bauen die Isarflößer ihre Flöße zusammen, hier an der Einmündung der Jachen in die Isar (1939).

Ohne Aufträge blieb auch der Gerber. Einst war er als Abnehmer der Viehhäute bei Bauern und Metzgern hoch geschätzt. Wie er es verstand, mit Hilfe komplizierter chemischer Vorgänge die Haare und Unterschichten der Tierhäute zu lösen, das erinnerte geradezu an mysteriöse Künste, zumal alles in tiefen Gruben unsichtbar vor sich ging, ebenso wie das Gerben des Leders mit Hilfe pflanzlicher Gerbstoffe. Diese waren auch der Grund für den penetranten Geruch, den eine Gerberei verbreitete. Abnehmer der verschiedenen Lederarten in allen gewünschten Stärken waren die Schuster und Sattler. Gegen die Konkurrenz der Fabriken nach dem Zweiten Weltkrieg kam aber auch der Gerber nicht mehr an. Mit ihm verlor ein weiteres, früher sehr angesehenes Handwerk seine Existenzgrundlage.

Der Flößer – harte Arbeit mitten im Fluss

Nicht vergessen sei bei unserer Rückblende auch ein Berufsstand, der in Orten anzutreffen war, die an Flüssen lagen. Gemeint sind die Flößer, die an Isar, Inn und Iller, vor allem aber auch am Main, beheimatet waren, auf dem zur Zeit des Frühjahrshochwassers das Holz des Frankenwaldes bis an den Rhein transportiert wurde.

Der Flößer – harte Arbeit mitten im Fluss

Die Flößer waren überaus kräftige, harte Burschen. Mitten in den eiskalten Fluten der zur Schneeschmelze besonders stark strömenden Flüsse stehend, oft nicht einmal mit Gummistiefeln bekleidet, versuchten sie, die wahllos im reißenden Wasser treibenden Baumstämme zu bändigen – und die hatten eine Länge von 20 Metern und mehr.

Mit Mut, Kraft und Geschick, vor allem aber mit Härte gegen sich selbst, stemmten sie sich mit Stangen gegen die abdriftenden Hölzer. Nur mühsam gelang es den kräftigen Männern, aus einem Wirrwarr von Baumstämmen ein Floß von etwa 40 Stämmen zusammenzustellen. Erst dann konnte es losgehen. Mit Hilfe von zwei Rudern musste die gefährliche Fracht den Fluss abwärts gesteuert werden. Viele Votivtafeln in Kirchen und Kapellen an den Flussläufen künden von den Gefahren, denen die Flößer ausgesetzt waren. So braucht es auch nicht verwundern, wenn viele Flößer bei der Ausübung ihres Berufes in den eiskalten Fluten den Tod fanden. Und trotzdem bekamen sie für ihre überaus gefährliche Arbeit einen recht dürftigen Lohn, sodass die Flößerfamilien in äußerst beengten Unterkünften wohnen mussten. Sie gehörten zur sozialen Unterschicht. Für Weib und Kinder reichte es gerade

Holztrift in der Jachen, einem Nebenfluss der Isar: Die langen Baumstämme werden ins Wasser gerollt und einzeln zum Fangplatz transportiert. Dort werden sie zu Flößen zusammengebunden (1939).

immer zum Nötigsten. Am besten ging es den Flößerfamilien noch im Frühjahr, wenn bei Hochwasser das Holz abgedriftet werden konnte.

Nach dem Ersten Weltkrieg verlor die Flößerei zunehmend an Bedeutung. Überall im Land entstanden Eisenbahnlinien, auf denen zu allen Jahreszeiten das Holz der Wälder müheloser, billiger und schneller transportiert werden konnte. Hinzu kam, dass Kraftwerksbauten an vielen Flüssen das Flößen unmöglich machten. So ist 1935 das letzte Floß z. B. den Lech hinuntergefahren. In den 1930er-Jahren ging die alte Flößertradition auch an Isar und Main zu Ende. Im Frankenwald kam die Flößerei endgültig im Jahre 1958 zum Erliegen. Lediglich als Touristen- und Freizeitattraktion erinnert man sich heute wieder da und dort dieses alten Berufsstandes. So finden heute in den Sommermonaten an Isar und Rodach auf Teilstrecken Floßfahrten statt. Es sind Vergnügungsfahrten, die freilich nichts gemein haben mit der einst so gefährlichen und harten Flößerei.

Keine Aufträge mehr für den Säger

An Flüssen fand einst auch der Sägemeister sein hartes Brot. Das Rattern seines wassergetriebenen Sägewerks war weithin im Dorf zu hören. Mit seinen kräftigen Helfern verarbeitete er die von den Bauern angelieferten Stämme zu Bauholz und Brettern und lagerte sie in großen Stapeln zum Trocknen rund um seinen Betrieb. Von ihm bezogen die Zimmerleute, Schreiner und Wagner ihr Holzmaterial. Mit dem Aufkommen immer größerer industrieller Sägewerke verlor der Säger, den die Leute »Sagerer« nannten, allmählich seine Kunden und schloss sein Sägewerk. Seine Dienste waren nicht mehr gefragt.

Man könnte noch von so manchen Handwerkern erzählen, die früher einfach zum Leben auf dem Dorf gehörten. Viele von ihnen haben sich der Zeit und ihren veränderten Bedürfnissen angepasst, haben sich umgeschult und sich für einen Spezialbereich qualifiziert. Da und dort sind noch letzte Vertreter der alten Handwerke zu finden und zeigen z. B. in Freilichtmuseen ihre Kunst.

Nach getaner Arbeit

Aus vielen Gründen ist nach dem Zweiten Weltkrieg das Maß an Freizeit größer geworden, sodass man heute geradezu von einer Freizeitgesellschaft spricht. Für die Mehrheit unserer Gesellschaft steht der Wunsch nach kurzer Arbeitszeit und viel Freizeit ganz obenan – ganz im Gegensatz zur Zeit unserer Großeltern. Dabei galt der heute erreichte Freizeitanspruch noch vor einem halben Jahrhundert als unerreichbar und unrealistisch. 5-Tage-Woche, langes Wochenende, mehrere Wochen Urlaub, Ferienreisen, all das waren phantastische Vorstellungen, zumal auf dem Land, denn gerade hier war die Freizeit eigentlich immer zweitrangig. Im Vordergrund stand die Arbeit, die einfach getan werden musste. Stall- und Feldarbeiten duldeten keinen Aufschub und mussten zudem fast ausschließlich noch mit der Hand erledigt werden.

Kam erst die Ernte, so konnten Bauern und Dienstboten überhaupt nicht an Freizeit denken. Aber auch sonst gab es das ganze Jahr hindurch immer etwas zu tun auf dem Hof. Etwas ruhiger war es eigentlich nur in den Wintermonaten, aber da stand ja die schwere Holzarbeit im Wald an. Einen gewissen Freizeitausgleich für den fehlenden Urlaub stellten früher lediglich die zahlreichen Feiertage dar, die eine willkommene Arbeitsunterbrechung brachten. So waren z.B. alle Marienfeste wie Mariä Verkündigung und Mariä Unbefleckte Empfängnis arbeitsfreie Tage, ebenso die Namenstage vieler Heiliger, z.B. Josef, Georg, Markus, Peter und Paul, Leonhard und Martin. Dazu kamen noch zahlreiche regionale Feste.

Nach getaner Arbeit

Seite 74:
Bauer aus dem
Viechtach in der
Sonntagstracht
(1959)

Erholung im Hoagarten

Aber wie verbrachte man früher auf dem Land die wenige Freizeit, den wohlverdienten Feierabend und die arbeitsfreien Tage, wie erholte man sich? Gewöhnlich blieben die Leute daheim und machten es sich in der Stube gemütlich, die im Winter als einziger Raum gut beheizt war. Besonders beliebt war bei Jung und Alt die Ofenbank, um die sich alle drängten. Hier lauschten die Kinder auch den geheimnisvollen Geschichten, die die Großeltern und Eltern zu erzählen nie müde werden durften. An Festtagen nahm der Hausvater auch immer die »Goffine«, das dicke Familienbuch mit Texten aus der Heiligen Schrift, zur Hand und las daraus laut vor. Das zur Familie gehörende Buch hatte seinen Platz ebenso wie das Schreibzeug, das Tintenglas, der Karmelitergeist und der Schnaps im Wandkastl in der Stube.

Solange es die Witterung erlaubte, war am Feierabend besonders die Bank vor dem Haus – gegen Regen geschützt durch ein breites Vordach – sehr geschätzt. Meist stand sie auf der Südseite des Hauses. Sie war der Treffpunkt nach getaner Arbeit hier redete

Plausch auf der
Hausbank (1951)

Erholung im Hoagarten

Kleine Badefreuden im Waschzuber (1938)

man über Gott und die Welt, über Neuigkeiten im Dorf und darüber hinaus. Gern nahmen auf der Holzbank auch die Nachbarn Platz zu einem »Ratsch«. Man ging »auf'n Hoagarten«, wie man sagte, und erholte sich bei zwanglosen Gesprächen von des Tages Arbeit. In der Oberpfalz kannte man das »Hutzergehen«, was dasselbe bedeutete. Immer wurden dabei Erfahrungen und Erlebnisse ausgetauscht, Familienereignisse aus dem Dorf besprochen, über die Viehpreise geredet, Kochrezepte ausgetauscht und – politisiert. Die erste Hälfte unseres Jahrhunderts war ja politisch sehr bewegt: Monarchie, Republik, NS-Zeit, Zweiter Weltkrieg, Neuanfang 1945. In einer Zeit ohne die heutigen Medien bot der Hoagarten die Möglichkeit zum Meinungsaustausch und Diskutieren, zum Gespräch mit Nachbarn und Freunden.

Alt und Jung bei einem Sonntagsspaziergang (1933)

Ausruhen am Sonntag

Der Sonntagvormittag war, soweit nicht dringende Erntearbeiten zu erledigen waren, ausgefüllt mit dem Kirchgang. Nach dem Gottesdienst standen die Männer noch auf dem Kirchplatz beisammen und gingen anschließend ins Wirtshaus zum Frühschoppen. Aber daran hat sich ja bis heute nichts geändert. Der Nachmittag stand dann jedem zur freien Verfügung. Die älteren unter den Dienstboten ruhten sich von den Strapazen einer langen Woche aus und blieben gewöhnlich daheim. Lediglich die Männer und jungen Burschen gingen ins Wirtshaus. Für die Bäuerin und die großen Mädchen gab es auch am Sonntag immer etwas zu tun. Da war manches zu nähen und zu flicken für die große Familie. So verlief der Sonntag meist sehr ruhig. Für große Unternehmungen, Fahrten und Ausflüge, wie sie heute üblich sind, fehlte meist die Zeit, aber auch das Geld und natürlich das Auto. Man begnügte sich mit einem Spaziergang oder einer kleinen Fahrt mit dem Fahrrad.

Im Wirtshaus saßen gewöhnlich die Knechte an einem gesonderten Tisch – abseits vom Tisch der Bauern. Für einen einfachen Knecht war es da schon eine große Ehre, wenn er sich einmal neben seinen Bauern setzen durfte. Die Rangordnung wurde sogar am Biertisch beachtet.

Kegelscheiben in der Dorfwirtschaft

Im Sommer war am Sonntagnachmittag das Kegelscheiben besonders beliebt. Die Kegelbahn bei der Dorfwirtschaft war recht primitiv aus einfachen Brettern zusammengezimmert, oft war sie nicht einmal überdacht. Da musste man schon ein guter Kegler sein, um die schwere Holzkugel ans gewünschte Ziel zu befördern. Die Kegel wurden von den Kegelbuben wieder aufgestellt, die gern zur Stelle waren, war ihnen doch eine Brotzeit oder ein kleines Taschengeld sicher.

Im Winter war der Dorfweiher ein beliebter Treffpunkt für Jung und Alt. Die Jugend versuchte sich im Eislaufen mit Eisflitzern, die auf die Schuhe aufgeschraubt wurden und – zum Leidwesen des Schusters – sich immer wieder zusammen mit den Schuhabsätzen lösten. Die Männer und Burschen hatten ihren Spaß am Eisstockschießen, genauso wie heute. Die Eisstöcke aus Buchen- oder Birnbaumholz stammten aus der Werkstatt des Wagners. Auswechselbare Laufplatten aus Kunststoff, auf die heute die Eisstockschützen schwören, waren noch unbekannt.

Nicht weniger beliebt als das Kegeln und das Eisstockschießen war beim männlichen Geschlecht im Sommer eine andere Freizeitbeschäftigung, das »Platteln«. Dieses Spiel ist vergleichbar mit dem Eisstockschießen und heute ziemlich in Vergessenheit geraten. Dabei wurden auf einer Wiese oder in einem Garten von zwei Mannschaften, so genannten »Moarschaften«, Eisenplättchen über mehrere Meter hinweg auf ein kleines Holzstück, die »Daube« geworfen. Jene »Plattl«, die am nächsten zur »Daube« lagen, waren Sieger.

Rund um das Kammerfenster

Anders als die Burschen gingen die heranwachsenden Mädchen früher kaum fort. Sie trafen sich nur hin und wieder mit Freundinnen zu einem Plauderstündchen. Selbstverständlich kam dabei auch stets die Rede auf die noch ledigen Burschen und wo bald eine Hochzeit oder Nachwuchs zu erwarten war. Bahnte sich eine Liebschaft zwischen zwei jungen Leuten an, so mangelte es natürlich nicht mehr an Gesprächsstoff, vor allem dann, wenn man beobachtet hatte, dass der junge Bursche seiner Liebsten zu später Nacht am Kammerfenster einen Besuch abgestattet hatte. Eine derartige nächtliche Visite war nicht selten der erste Schritt zum Traualtar. Ganz im Gegensatz aber zu den vielen Geschichten, die man sich immer wieder vom Fensterln erzählt, handelte es sich oft um eine harmlose Liebesbezeugung.

Gemeinsames Singen und Musizieren

Doch wie gelang es, den Feierabend ohne Radio und Fernseher, ohne Kino und Auto zu gestalten? Wie heute spielte auch früher die Musik eine wichtige Rolle. Im Gegensatz zu heute, da Musik weithin nur konsumiert wird, machte es früher Alt und Jung Spaß, selbst mit meist recht einfachen Mitteln zu musizieren. Mehr als heute hatte man Freude am gemeinsamen Singen und Musizieren und wusste sich damit so manche Stunde daheim oder im Hoagarten zu vertreiben. Und was heute unvorstellbar wäre: Es wurde sogar bei der Arbeit, z. B. auf dem Feld, oder auch auf langen Fußmärschen, gesungen. Mit großer Begeisterung wurden in den wenigen Freizeitstunden immer wieder die beliebtesten Lie-

Gemeinsames Singen und Musizieren

Sonntagsvergnügen auf der Kegelbahn unter freiem Himmel (1935)

der angestimmt. Und diese waren oft recht ergreifend, so richtig zu Herzen gehend.

Neben diesen aus heutiger Sicht recht anspruchsvollen Gesängen mit überaus vielen Strophen freute man sich an den bekannten Volksliedern, die auch zum festen Lehrprogramm in der Schule gehörten. Es waren vor allem Morgen- und Abendlieder, Wander- und Abschiedslieder und natürlich Liebeslieder. Wie war man froh,

Pflege des Mundartlieds

Was rückblickend besonders überraschen mag: Keineswegs wurde damals schon jene Musik gepflegt, die wir heute von Volksmusikveranstaltungen her kennen und die überall so viele Freunde gefunden hat. Es gab noch keine qualitativ hochstehende Volksmusik, denn erst allmählich kamen die Bemühungen von Pauli Kiem (1882–1960) zum Tragen, der es sich zur Lebensaufgabe gemacht hatte, dem echten Volkslied, das kaum noch bekannt war, wieder zu Achtung zu verhelfen. Der Kiem Pauli war unermüdlich unterwegs und ließ sich von Bauern und Handwerkern, Dienstboten und Jägern, also von einfachen Menschen, alte, kaum noch bekannte Dialektlieder vorsingen. Tatkräftig unterstützt wurde er bei seinen Bemühungen vom Herzogshaus der Wittelsbacher. Zusammen mit dem Münchener Universitätsprofessor Dr. Kurt Huber (1893–1943), der wegen seiner Beteiligung an der Widerstandsgruppe »Weiße Rose« in München hingerichtet wurde, brachte der äußerst bescheidene Sammler dann 1930 ein erstes bayerisches Liederbuch heraus.

Es ist der bleibende Verdienst dieser beiden Männer, dem bayerischen Volkslied, vor allem dem Mundartlied, zu neuer Blüte verholfen zu haben. Pauli Kiem und Kurt Huber legten den Grundstein für die große Anerkennung, die die bayerische Volksmusik heute überall genießt. Nicht unerwähnt sei auch der Einfluss des Bayerischen Rundfunks, der sich diesem kulturellen Erbe von Anfang an verpflichtet fühlte und äußerst tatkräftig die volksmusikalischen Bemühungen förderte.

Gemeinsames Singen und Musizieren

Musikalischer Hoagarten in Bayrischzell (1936)

wenn jemand mit einer Mund- oder Ziehharmonika, einer Zither oder einer Gitarre den Gesang begleiten konnte. Nicht ohne Einfluss auf das Singen und auch auf das Liedgut der damaligen Zeit waren das Radio und die Schallplatte, die neue Lieder zu »Schlagern« machten, die bald nachgesungen wurden.

Bei so viel Musikbegeisterung gab es immer wieder Anlässe zum gemeinsamen Singen, auch bei kirchlichen Ereignissen, z. B. bei

Bittgängen, Flurumgängen und Wallfahrten. Es waren nicht selten Lieder mit vielen Strophen, die alle auswendig gesungen wurden.

Tanz in der Scheune

Wie heute auch noch trafen sich früher die jungen Leute in ihrer Freizeit gern zum Tanzen. Oft war es nur eine ausgeräumte Stube oder eine Scheune, wo das Tanzbein geschwungen wurde. Zu

Fesche Bäuerinnen aus Bayrischzell (1937)

öffentlichen Tanzveranstaltungen hatte übrigens nur Zutritt, wer schon 18 Jahre alt war. Wer es schon früher probierte, musste damit rechnen, vom Tanzboden gewiesen zu werden.

Aber auch daran hat sich nichts geändert: Beim Tanzen wurden so manche Liebesbande geknüpft, auch mit Burschen und Mädchen von auswärts. Und so erklärt es sich auch, dass immer wieder aus dem Dorf »hinaus-« oder »hereingeheiratet« wurde.

Beliebte Tänze waren Walzer, Landler, Schottisch, Polka und Dreher, aber auch der Rheinländer und der Marsch. Und wenn es auch bei der musikalischen Begleitung oftmals nur zu einem einzigen Musikanten, meist einem Knopfharmonikaspieler mit einer so genannten »Ziach« reichte, so tat das der Tanzbegeisterung nicht den geringsten Abbruch. Die Musik musste übrigens von allen anwesenden Tänzern bezahlt werden. Bei größeren Veranstaltungen, z. B. bei einem Mai- oder Erntetanz, einem Kirchweih- oder Kathreintanz, leistete man sich nach Möglichkeit eine mehr oder weniger große Blaskapelle, die von den Burschen angeheuert wurde. War kein Musikant zur Hand, so genügten den jungen Leuten auch Schallplatten und ein Grammophon. Die Ansprüche waren auch hier nicht sehr hoch.

Einfache Spielsachen

Und was waren die Lieblingsbeschäftigungen der Kinder? Da die Eltern wegen der vielen Arbeit kaum Zeit für sie hatten, waren die Kinder oft lange sich selbst überlassen. Wo Großeltern oder eine alte Tante da waren, die nicht mehr aufs Feld ging, widmeten sich diese etwas den Kleinen. Solange die Kinder noch nicht laufen konnten, setzte man sie in den Laufstall und gab ihnen zum Spielen manches aus dem Haushalt, wie Kochlöffel und emailliertes Blechgeschirr. Gänzlich fehlten altersgemäße Spielsachen, mit denen heute die Kinder überall verwöhnt werden. Sie hatten aber keine Schwierigkeiten, sich mancherlei Spiel und Spielzeug auszudenken. Als Spielmaterial dienten ihnen diverse Abfälle, Tannenzapfen, Stoff- und Holzreste. Und damit entstanden mit viel Phantasie einfache, aber die Kreativität anregende Spielsachen,

z. B. Viehherden aus Zapfen und Kastanien und Boote aus Baumrinde. Die Mädchen schneiderten aus Stoffresten mit Begeisterung Kleider für die Puppe, die, wenn auch oft schon altersschwach, wie ein Heiligtum gehütet wurde. Nicht minder beliebt war auch die Puppenküche, die natürlich nicht aus einem Spielwarengeschäft stammte.

Stelzengehen und Seilhüpfen

Weil die Kinder in der Schule viele Stunden sitzen mussten, hatten sie oft einen starken Bewegungsdrang. Mit lautem Geschrei trieben sie Eisenreifen von Wagenrädern oder alte Fahrradfelgen durch das Dorf oder brachten selbst gefertigte Windradl beim Laufen zum Drehen. Wer geschickt war, konnte dies beim Stelzengehen oder, vor allem die Mädchen, beim Seil- und Häuslhüpfen beweisen. Heute weitgehend aus der Mode gekommen sind auch das Schussern und das Kreiseltreiben, alles Spiele, zu denen sich die Kinder auf der Straße trafen. Und immer wieder beliebt waren Versteckspiele, »Räuber und Schandi« und »Der Kaiser schickt seine Soldaten aus«.

Sobald die Felder im Herbst abgeräumt waren, ging's hinaus zum Drachensteigen. Die Drachen wurden, unter väterlicher Anleitung, selbst gefertigt mit dünnen Leisten vom Schreiner, Transparentpapier, Schnur und einem Kleber aus Mehl und Wasser. Im Winter bauten die Kinder große Schneeburgen oder trafen sich am Schlittenbergerl, mit einem Schlitten, gemacht vom Wagner oder vom Vater.

Großer Beliebtheit erfreute sich vor allem bei den Mädchen das Poesiealbum, das auch bei heutigen Grundschulkindern wieder in Mode gekommen ist. In dem Album durften sich alle für die Kinder wichtigen Leute, Lehrer wie Pfarrer, Verwandte wie Freunde, mit lieben Reimen, natürlich in vorbildlicher Schrift verewigen. In unseren Tagen entdeckt man auch wieder die nostalgischen Glanzbilder, die einst ins Album geklebt wurden. Die Buben hatten es weniger mit dem Poesiealbum, sie tauschten lieber ihre Sammelbilder aus, die in Zigarettenpackungen beilagen.

Was braucht ma auf an Bauerndorf?

Was braucht ma auf an Bau-ern-dorf? Was braucht ma auf an Dorf? A Kir-chn, groß und schen, an Pfar-rer o-der zween, der's mit 'n Leu-tn moant recht gut und was er pre-digt, sel-ber tuat. - Des braucht ma auf (ar)an Bau-ern-dorf, des braucht ma auf (ar)an Dorf!

2. ... A Glockn, die schö klingt,
an Lehrer, der schö singt,
an Schulmoasta, an gscheitn Mo,
der lesn, schreibn und rechna ko. -

3. ... An Halter, der hell blast
und 's Vieh brav weidn laßt,
a Harfn und an Dudlsack,
an guatn Rauch- und Schnupftabak. -

4. ... Die Kübel voller Schmalz
fürs Vieh und d' Leut brav Salz,
an Flachs, daß aa a Leinwand geit,
an Wachter, der die Stund ausschreit. -

5. ... An Schmied, der fleißi bschlagt,
a Hebamm, die nix sagt,
an Gaul, der wia da Teifi rennt,
a brave Feuerwehr, bals brennt. -

6. ... An Schneider, der nix nimmt,
an Stier, der fleißi springt,
an Bauern, der sei Wei(b) net schlagt,
a Weib, das übern Mo net klagt. -

7. ... An Knecht, der net bloß schwitzt,
wenn er beim Essen sitzt,
a Dirn, die zu der Arbeit taugt
und net sechs Stund in Spiegel schaugt. -

In der alten Dorfschule

Große Verbandsschulen mit vielen Klassen, Unterrichtsräumen und Lehrern, riesige Schulhäuser in modernster Ausstattung, Schulbusverkehr, Verpflegung für auswärtige Schüler in der Mittagszeit – all das kennzeichnet die heutige Schulsituation auf dem Land. Ganz selbstverständlich ist: Jede Klasse hat bereits in der Grundschule mehrere Lehrer, die mit modernen Methoden und Hilfsmitteln wie Fernseher und Computer unterrichten. Und auch das ist die Regel: Nur in Ausnahmefällen wohnen die Lehrer am Schulort, den sie nach dem Unterricht wieder verlassen. Das alte Dorfschulhaus hat längst ausgedient und eine andere Funktion bekommen, z. B. als Kindergarten.

Die heutige Schule auf dem Land hat sich in den letzten fünf Jahrzehnten grundlegend verändert, und zwar in struktureller, inhaltlicher und didaktischer Sicht. Sie hat sich den Anforderungen der veränderten gesellschaftlichen Situation angepasst und ist nicht mehr vergleichbar mit der alten Dorfschule unserer Großeltern.

Stillarbeit – das Erfolgsrezept der Landschule

Zur Zeit unserer Großeltern, ja noch bis in die Mitte der 1960er-Jahre, hatte die Landschule ein ganz anderes Gesicht. Erinnert man sich daran, so glaubt man sich in eine sehr weit zurückliegende Zeit versetzt. Wie die Kirche, so gehörte einst auch die eigene, wenn auch kleine Schule einfach zu einem richtigen Dorf. Es trug ganz wesentlich zur Identität eines Dorfes bei, weshalb viele Gemeinden erbittert um ihren Erhalt kämpften, auch wenn es nur eine Zwergschule war.

Zur Dorfschule gehörte ein Lehrer, der in vielen Fällen im Schulhaus wohnte oder eine Dienstwohnung von der Gemeinde hatte. Dieser unterrichtete gewöhnlich die Kinder des ganzen Dorfes in einem Schulraum, von der 1. bis zur 8. Klasse (die 9.Klasse kam erst später hinzu). Auf alten Fotos sind Schulklassen von damals festgehalten, und so können wir uns ein gutes Bild von der Leistung eines alten Landschullehrers machen. Wir trauen unseren Augen nicht: Um einen einzigen Lehrer scharten sich bis zu 100 (!) Kinder. Und wenn man bedenkt, dass die verschiedenen Jahrgänge, dicht beieinandersitzend, gemeinsam in einem einzigen Schulraum unterrichtet wurden und sich – trotz äußerer Erschwernisse – ein durchaus respektables Wissen aneigneten, so kann man dem »alten« Landlehrer, auch ohne universitäre Ausbildung, die Hochachtung nicht versagen.

Doch wie konnten die vielen Schüler der verschiedenen Jahrgänge etwas lernen, ohne sich gegenseitig zu behindern? Wie war hier ein geordneter Unterricht überhaupt möglich? Das Geheimrezept hieß Stillarbeit. Wenn sich der Lehrer mit einer Schülergruppe beschäftigte, mussten die übrigen Kinder allein arbeiten. Und immer wieder mussten die Größeren den Kleineren helfen, mit ihnen in der Fibel lesen und ihnen den Griffel führen. So konnte in der Dorfschule eine echte Gemeinschaft entstehen, in der man auch auf minderbegabte Kinder Rücksicht nahm. An eine Förderschule war damals ja noch nichtzu denken.

Disziplinschwierigkeiten, über die heutige Lehrer zu klagen haben, waren in der Dorfschule kaum bekannt, nicht zuletzt des-

*Seite 88:
ABC-Schütze: Erste Schreibversuche auf der Schiefertafel (1938)*

Unterricht in einer einklassigen Schule (1936)

wegen, weil sich die Eltern bei jeder Maßnahme des Lehrers voll hinter ihn stellten. Seine Autorität war unangefochten. Was er anordnete, wurde befolgt. Das Gleiche galt auch für den Herrn Pfarrer, der wie der Herr Lehrer von Amts wegen zu den Respektpersonen des Dorfes gehörte. Man hat sie von Amts wegen geachtet.

Alle Kinder in einem Raum

Schon äußerlich hatte das Schulhaus, ebenso wie die Kirche, eine herausgehobene Stellung im Ortsbild. Rund um das Haus war ein großer Garten mit Obst- und anderen Bäumen, in dem die Schüler in der Pause »Fangermandl« und »Der Kaiser schickt seine Soldaten aus« spielen konnten.

Gewöhnlich wurden alle Kinder in einem einzigen Raum unterrichtet. Nur in größeren Orten gab es noch ein zweites Schulzimmer, in dem das »Schulfräulein« die unteren Jahrgänge unterrichtete. Sie war unverheiratet und wohnte meist im Lehrer- bzw. Schulhaus.

Die Einrichtung eines Schulraumes war äußerst einfach und nüchtern. Der Fußboden bestand aus rauen Brettern, die regel-

In der alten Dorfschule

Wer nicht brav war, musste hinter der Tafel stehen (1942).

mäßig mit Öl getränkt wurden. Das war auch der Grund für den penetranten Geruch, der alle Schulhäuser durchzog. Die vielen Schüler saßen im Schulzimmer recht beengt auf langen, harten Schulbänken. In einer Bank hatten jeweils vier bis fünf Schüler Platz. Wurde einer vom Lehrer an die Tafel gerufen, so mussten die anderen aus der Bank treten. Und was heute undenkbar wäre: Die Geschlechter waren streng getrennt. Auf der einen Seite des Raumes saßen die Buben, auf der anderen die Mädchen. Trotzdem oder gerade deswegen gab es viele Blickkontakte zwischen der Buben- und der Mädchenseite.

Im Schulranzen die Schiefertafel

Auf der kleinen, schmalen Arbeitsfläche der Bank war nur wenig Platz. Er reichte nur für die Schiefertafel und einen kleinen Schwamm zum Abwischen, für die Griffelschachtel und das Tintenfass, das nicht fehlen durfte. Füllfederhalter gab es ja noch nicht. Das Tintenfass wurde vom Lehrer bei Bedarf immer wieder nachgefüllt. Dazu stand eine große Flasche zur Verfügung. Geschrieben wurde mit einer spitzen Feder, mit der besonders die Schulanfänger ihre liebe Not hatten.

Damit er auch von allen Schülern gesehen werden konnte, hatte der Lehrer seinen Platz an einem erhöhten Pult. So wurde er auch noch von der letzten Bank aus gut gesehen. Neben dem Lehrerpult, ganz im Blickfeld der Schüler, war eine nicht allzu große Stelltafel, die viel zu klein war und immer gleich voll geschrieben war. In unmittelbarer Nähe der Tafel stand noch auf einem kleinen eisernen Ständer eine Schüssel mit Wasser zum Befeuchten des Schwammes bereit.

Mit Unterrichtsmitteln war die alte Dorfschule im Vergleich zu heutigen Schulen sehr karg ausgestattet. Nirgends aber fehlte die große russische Zählmaschine, auf der mit Hilfe von 100 beweglichen roten und weißen Holzkugeln alle wichtigen Rechenoperationen, die Und- und Wegaufgaben, die Mal- und Geteiltaufgaben, veranschaulicht werden konnten. Für die größeren Schüler hing seitlich an der Wand eine große Deutschlandkarte oder ein Schulwandbild mit der Krönung von Karl dem Großen oder der Schlacht im Teutoburger Wald.

Ein Tageslichtprojektor mit Folien, Arbeitsblätter, Fernseher und Computer, heute unentbehrliche Hilfsmittel im Unterricht, standen natürlich noch nicht zur Verfügung. So mussten die Schüler alles von der Tafel abschreiben, und das in schönster Schrift. Alte Schulhefte und Poesiealben von damals versetzen uns geradezu in Staunen, wie viel Sorgfalt auf eine schöne Schrift verwendet wurde. Aus Sparsamkeit haben übrigens auch die älteren Schüler noch auf die Schiefertafel geschrieben. Nur die Aufsätze und andere wichtige Einträge kamen in ein Heft mit schlechter Papierqualität.

In der warmen Schulstube

Damit die Kinder in der kalten Jahreszeit nicht frieren mussten und um die durchnässten Kleider und Socken wieder trocknen zu können, wurde schon früh am Morgen von der Hausmeisterin ein Kachelofen oder ein großer gusseiserner Ofen tüchtig eingeheizt. Dabei war es unvermeidbar, dass Kinder in unmittelbarer Nähe des Ofens gehörig ins Schwitzen kamen, und den anderen, die weiter weg saßen, war es nicht selten zu kalt.

Die wohlige Wärme der Schulstube schätzten im Winter vor allem jene Kinder, die einen weiten Schulweg zurückzulegen hatten. Und damals gab es noch strenge, lange Winter mit endlos viel Schnee. Da war der Schulweg oft eine große Plage, zumal mit einem sehr dürftigen Schuhwerk – viele hatten nur Holzschuhe – und ohne Mantel und Handschuhe. An pelzgefütterte Stiefel und Daunenanoraks war noch nicht zu denken. Von abgelegenen Weilern und Einödhöfen mussten sich die Schüler über tief verschneite Wege und Stege und durch meterhohe Schneewehen einen Weg zur Schule bahnen, denn der große hölzerne Schneepflug räumte morgens nur die Hauptverbindungsstraßen.

Trockenes Pausebrot

Diese und viele andere Erschwernisse nahmen die Schüler ohne Murren als gegeben hin. Es wäre ihnen nie eingefallen, Ansprüche zu stellen. In dieser Haltung wurden sie von den Eltern erzogen, eben Bescheidenheit in allen Situationen. Sie lebten es ihnen auch vor. Stets war man darauf bedacht, die Kinder nicht zu verwöhnen. Man wollte sie ja gut »fürs Leben« erziehen. Ganz oben stand dabei die Tugend der Sparsamkeit. Da war es einfach selbstverständlich, dass die Kinder, solange es die Witterung erlaubte,

Auf dem Heimweg von der Schule (1933)

bis tief in den Herbst hinein barfuß zur Schule kamen. Als Proviant steckte ihnen die Mutter ein großes Stück trockenes Brot in den Schulranzen und dazu vielleicht noch einen Apfel. Das musste reichen für den ganzen Tag.

Der Schulranzen, vom Schuster angefertigt, musste gewöhnlich mehrere Schülergenerationen aushalten. Undenkbar wäre es gewesen, jedem Kind beim Schuleintritt einen neuen Schulranzen zu kaufen, wie das heute üblich ist. Und ganz unbekannt war auch die heutige Sitte, den ABC-Schützen den ersten Schultag mit einer großen Zuckertüte zu versüßen. Dieser Brauch setzte sich erst nach dem Zweiten Weltkrieg allmählich auch auf dem Land durch. Jedes Kind bekam nur das, was nötig war, nie Überflüssiges. Auf keinen Fall wollte man zur Verschwendung erziehen.

Schule und Kirche – eine Einheit

Nach alter Tradition gingen die Kinder vor dem Unterricht, soweit es eben möglich war, noch in die Kirche zur heiligen Messe. Die

Kinder besuchten stellvertretend für die ganze Familie täglich den Gottesdienst. Geradezu eine Verpflichtung war es für die Schulkinder, in der Adventszeit das morgendliche Engelamt zu besuchen. Und da der Lehrer in den meisten Fällen auch den Organistendienst zu versehen hatte, war die Einheit von Kirche und Schule unübersehbar. Auf die Einhaltung des Kirchenbesuchs nicht nur an den Sonn- und Festtagen achtete natürlich besonders der Ortsgeistliche, der in der Schule den Religionsunterricht erteilte. Und er war mitunter weitaus strenger als der Lehrer, was aber seiner Beliebtheit keinen Abbruch tat. Peinlich genau schaute er darauf, dass die Kinder die Lehrsätze des Katechismus und die wichtigsten Gebete fehlerfrei aufsagen konnten.

Schreiben mit der spitzen Feder

Gemessen an heutigen Verhältnissen war die tägliche Unterrichtszeit in der Dorfschule recht lang. In den Wintermonaten dauerte der Vormittagsunterricht von 8 bis 12 Uhr und der Nachmittagsunterricht von 13 bis 15 Uhr, eine Situation, die durch die jüngsten Schulreformen auch heute wieder eingetreten ist. In der Mittagspause blieben die auswärtigen Kinder im Schulzimmer und aßen ihr trockenes Brot. Lediglich die Dorfkinder gingen in der Mittagszeit zum Essen nach Hause.

Im Sommer waren die Kinder nur am Vormittag in der Schule, damit sie am Nachmittag für die Mithilfe auf dem Hof zur Verfügung standen. Natürlich war auch am Samstag Unterricht, aber nur bis Mittag.

In der alten Landschule legte der Lehrer größtes Gewicht darauf, dass seine vielen Schüler am Ende der Schulzeit vor allem die Kulturtechniken Lesen, Schreiben und Rechnen gut beherrschten. Die Sachfächer wie Erd- und Naturkunde und Geschichte mussten notwendigerweise eine etwas untergeordnete Rolle spielen. Die Lehrmethoden und Lernfortschritte wurden regelmäßig vom Herrn Schulrat in Unterrichtsbesuchen überprüft.

»Wenn der Bub nur gut lesen, schreiben und rechnen kann«, war die immer wieder zu hörende Meinung der Eltern. Ansons-

Schreiben mir der spitzen Feder

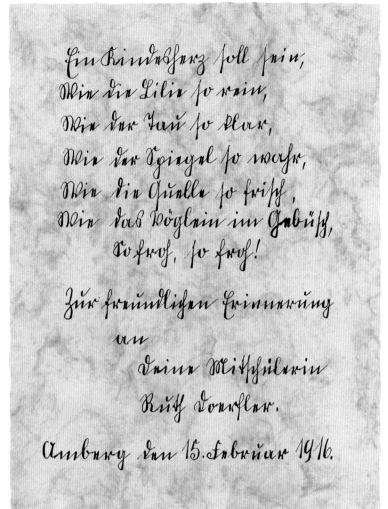

Aus einem alten Poesiealbum (1916)

ten wurden viele Regeln und vor allem Gedichte und Lieder auswendig gelernt. Besonderer Wert wurde auf das Kopfrechnen und das kleine und große Einmaleins gelegt.

Das wichtigste Arbeitsmaterial der Schüler war bis in die Oberklassen die Schiefertafel mit verschiedenen Lineaturen. Die ABC-Schützen lernten das Schreiben mit einem weichen Griffel. »Auf, ab, Dipferl drauf!«, so führte der Lehrer die Schulanfänger in die Kunst des Schreibens ein. Die älteren Schüler schrieben die ecki-

In der alten Dorfschule

| Gebühr *50 ₰* | Aus dem Zensurbuche vom Jahre 18*98/99* Nr. *17* |

Sonn- und Feiertagsschul-Entlass-Schein.

Stelzer Maria, *katholisch* Konfession,

Sohn (Tochter) des *Haubesitzers David Stelzer*,

geboren am *20* ten *Februar* 18*83* zu *Fernpey*,

K. Bez.-A. *Pfaffenhofen*, hat die Werktagsschule

zu *Schazmen* vom *8* ten *Mai* 18*89*

bis zum *30* ten *April* 18*96*, die Sonn- und Feiertagsschule und den damit verbundenen öffentlichen Religionsunterricht zu *Schazmen u. Euernburg*

vom *3* ten *Mai* 18 bis zum ten 18

mit *sehr grossem* Fleisse besucht, ein

sehr lobenswürdiges sittl. Betragen gepflogen und wird nach Erfüllung der Vorbedingungen mit nachstehenden Noten aus der Sonn- und Feiertagsschule entlassen.

Religion:	*sehr gut*
Lesen:	*sehr gut*
Rechtschreiben:	*gut*
Aufsatz:	*gut*
Schönschreiben:	*sehr gut*
Rechnen:	*sehr gut*
Realien:	*sehr gut*
Fortgangsnote:	*sehr gut*

Bemerkungen:

Scheyern den *13* ten *April* 1899.

Kgl. Lokalschulinspektion:
Scheyern

Kgl. Distriktsschulinspektor:

Notenskala:
I = sehr gut, III = mittelmässig,
II = gut, IV = ungenügend.

Kgl. Lokalschulinspektor:
J. Raphael
Lehrer*in:*

Nr. 78. Verlag v. J. Maiss, München, Herrnstrasse 34.

Entlass-Zeugnis der Sonn- und Feiertagsschule (1899)

gen Buchstaben der Deutschen Schrift mit einem harten Griffel. Wie schön die Schüler schließlich schreiben konnten, das bezeugen uns immer wieder ältere Menschen, die »nur« die alte Dorfschule besucht haben.

Keine Disziplinprobleme in einer einklassigen Schule (1933)

Die unbeliebte Feiertagsschule

Zu den Dienstpflichten des Lehrers gehörte meist auch der Unterricht in der »Sonn-« oder »Feiertagsschule«, die bis Mitte der 1930er-Jahre ein fester Bestandteil des Schulsystems in Bayern war. Die Sonntagsschule begann nach dem morgendlichen Gottesdienst und musste von allen Schülern, die die »Werktagsschule« verlassen hatten, besucht werden. Der Unterricht dauerte zwei bis drei Stunden und diente der Vertiefung der Kenntnisse, die in der Werktagsschule erworben worden waren. Unterrichtsfächer waren neben Religion besonders Erdkunde, Geschichte und Landwirtschaftslehre. Es muss nicht verwundern, dass die lästige Feiertagsschule weder bei den Schülern noch bei den Lehrern sonderlich beliebt war. Sie wurde 1938 endgültig abgeschafft.

In der alten Dorfschule

Der Lehrer hilft beim Schreiben (1938).

Das große Ansehen des Lehrers

Von Seiten der Eltern war der Lehrer mit der höchsten Autorität ausgestattet. So konnte er es sich auch erlauben, bei Bedarf zu Erziehungsmitteln zu greifen, die heute verpönt und undenkbar sind. So nahm damals niemand Anstoß an der körperlichen Züchtigung, z. B. mit dem »Tatzensteckerl«, das stets einsatzbereit auf dem Pult lag. Zur Ehrenrettung der Lehrer muss aber gesagt werden, dass ein großer Teil von ihnen sehr gut auch ohne derartige Strafen auskam. Denn auch damals konnte der gute Lehrer seine Schüler ohne Züchtigungsmittel für sich gewinnen, was ihm diese meist ihr Leben lang durch liebevolle Verehrung dankten. Respektvoll sprachen sie stets von ihrem »Herrn Lehrer«, der ihnen sehr viel fürs Leben mitgab.

Da die Eltern die Arbeit des Lehrers wohl zu schätzen wussten, haben sie ihm – ebenso wie dem Herrn Pfarrer – auch immer zu bestimmten Anlässen etwas zukommen lassen. Nach altem Brauch hat man ihm etwas »rübergeschickt«, wenn geschlachtet wurde. Aber auch zu den großen Kirchenfesten wurde er nie vergessen. Neben Fleisch gab es Butter, Schmalz und Eier. Angesichts der damals noch recht dürftigen Lehrerbesoldung waren derartige Zuwendungen sehr willkommen, saß am Tisch des Lehrers doch meist eine vielköpfige Kinderschar. Da waren die Naturalien der Bauern sehr willkommen.

Zur Beliebtheit des Lehrers haben in hohem Maße auch seine außerschulischen Kontakte und Aktivitäten beigetragen. Aufgrund seiner Ausbildung im Lehrerseminar war er als Einziger im Ort in der Lage, den Kirchenchor zu leiten und die Orgel zu spielen. Und wie in der Schule holte er zu besonderen Anlässen auch in der Kirche seine Geige aus dem Kasten. Es war einfach selbstverständlich, dass er das ganze Jahr über bei allen kirchlichen Festen zur Stelle war. Er gab den Brautleuten das musikalische Geleit und sang den Verstorbenen am offenen Grab das »Requiem aeternam«. In jedem Fall war es Brauch, dass er, wie der Pfarrer, zum dazugehörigen Schmaus im Wirtshaus geladen wurde.

Winterfreuden nach der Schule (1934)

In der alten Dorfschule

In Eintracht: Die Großen und die Kleinen (1933)

An vielen Orten übernahm der Lehrer neben dem Organistendienst noch die Leitung des Männergesangsvereins und erteilte Instrumentalunterricht. Andere Musikpädagogen oder gar eine Musikschule standen ja nicht zur Verfügung. Die Arbeit des Lehrers im musikalischen Bereich kann kaum überschätzt werden. So erkannte er in vielen Fällen musikalische Talente und förderte sie nach Kräften, wie Beispiele aus der Musikgeschichte belegen. Erinnert sei an Max Reger, der aus dem oberpfälzischen Burglengenfeld stammte und immer wieder zum Ausdruck brachte, was er seinem Lehrer zu verdanken habe. Die Schule war lange Zeit neben der Kirche der wichtigste Kulturträger im Dorf, was bei einer Bewertung der alten Schule nicht unbeachtet bleiben sollte.

An den Lehrer konnten sich darüber hinaus alle im Dorf wenden, die im Schreiben nicht so gewandt waren. Er konnte gut einen Schriftsatz verfassen, wenn jemand mit einer Versicherung oder einer Behörde zu tun hatte, und half beim Verfassen von Briefen. Nicht unerwähnt darf die Arbeit für den Bürgermeister bleiben, dem er ein wichtiger Gehilfe war. Bei Gemeinderatssitzungen führte er pflichtgemäß das Protokoll. Darüber hinaus stellte er allen Bürgern diverse Bescheinigungen aus. Alle diese Zusatzleistungen, für die er auch an Sonn- und Feiertagen zur Verfügung stehen musste, gehörten zum Aufgabenbereich des Lehrers. Sie halfen ihm aber, sein geringes Gehalt etwas aufzubessern.

Die Landschule – besser als ihr Ruf

Die alte Landschule, notwendigerweise mit vielen Mängeln behaftet, gab ihren Schülern vieles mit auf den Lebensweg, das die heutige Schule, trotz bester äußerer Bedingungen und Verbesserungen, nicht zu vermitteln vermag. Damit soll keineswegs die Schule unserer Großeltern im Nachhinein glorifiziert werden. Es sollen auch nicht die großen Fortschritte in unserem heutigen Schulwesen ignoriert werden. Rückblickend sind aber die Vorzüge der wenig gegliederten, überschaubaren Landschule, die in den 1960er-Jahren aufgelöst wurde, nicht zu übersehen. Die Stärke der alten Schule lag vor allem im erzieherischen und mitmensch-

In der alten Dorfschule

*Ein schwerer
Holzschulranzen
(1933)*

lichen Bereich, und gerade hier krankt es in so manchen unserer heutigen Mammutschulen. Ohne nostalgischen Überschwang kann festgestellt werden: Die kleine Landschule konnte – stärker als die voll ausgebaute, bestens mit Unterrichtsmitteln ausgestattete Schule von heute – vor allem pädagogisch auf die Schüler einwirken. Sie schuf ein Klima, in dem die heute so beklagten Aggressionen nicht entstehen konnten – ein Vorzug, der viele Mängel neutralisiert.

Leutl, müaßts lustig sei!

Zwiefacher

1. Leut, Leut, Leu-tl müaßts lu-stig sei, lu-stig sei, dårfts, dårfts, dårfts ja net trau-rig sei, trau-rig sei; denn, denn, denn mit da Trau-rig-keit, Trau-rig-keit kimmt, kimmt, kimmt ma net weit!

2. So, so wia hoit da Ak-ka is, Ak-ka is, so, so, grod a so wern dö Ruam, wern dö Ruam, und, und wia hoit da Va-ta is, Va-ta is, so, so san a dö Buam!

3. Heut, heut, heut gehn ma gor net hoam, gor net hoam, is, is, is da schwarz Mo da-hoam, Mo da-hoam, schaut, schaut, schaut wia da Tei-fi aus, Tei-fi aus, traun, traun, traun uns net z'Haus!

Wie's der Brauch war

Stärker noch als heute war früher das Leben auf dem Dorf eingebettet in eine feste Ordnung, die sich auch in vielerlei Bräuchen ausdrückte. Es war eine Ordnung, an die sich alle gebunden fühlten und die an die nachwachsende Generation weitergegeben und kaum angezweifelt wurde. Sie schuf den Rahmen für ein funktionierendes Gemeinschaftsleben. Wer sie missachtete, wurde zum Außenseiter. Ihren Ursprung hatten diese Lebensregeln vor allem in einer tiefen, tradierten Frömmigkeit, die den Menschen in allen Lebenslagen, in Tagen der Freude und des Glücks ebenso wie in den Zeiten der Trauer und des Leids Geborgenheit und Sicherheit gab.

Feste Regeln im Alltag

Das durch Bräuche geregelte Leben prägt den gesamten Jahreslauf, den Alltag sowie die Sonn- und Feiertage der Familie. So war es eine Selbstverständlichkeit, einen neuen Tag mit einem gemeinsamen Gebet zu beginnen und auch zu beenden. Dreimal am Tag wurde in der Familie gemeinsam der »Angelus« gebetet: »Der Engel des Herrn brachte Maria die Botschaft und sie empfing vom Heiligen Geist.« An das Angelus-Gebet wurden alle am frühen Morgen, um 12 Uhr und am Abend vor dem Dunkelwerden mit einem längeren Glockenläuten erinnert, es gab jedem Tag eine feste Einteilung. Das abendliche Läuten war für die Kinder zudem das Signal, vom Spiel auf den Gassen heimzukommen. Dieses Gebot musste streng eingehalten werden.

Zum festen Gebetsprogramm des Familienlebens gehörte daneben das Tischgebet, das vor und nach dem Essen gemeinsam gesprochen werden musste. Wer am Morgen aus dem Haus ging, besprengte sich an der Tür noch mit Weihwasser, die Eltern zeichneten ihren Kindern ein Kreuz auf die Stirn.

Die allgemeine Frömmigkeit fand bei vielen Anlässen ihren sichtbaren Ausdruck, z. B. bei den Bittgängen und Wallfahrten in den verschiedensten Anliegen. Viele Votivgaben an unseren Wallfahrtsorten zeugen von einer tiefen Frömmigkeit der Menschen. Mehr noch als heute waren die Grenzen zwischen Glaube und Aberglaube freilich oftmals recht fließend. Es fehlte nicht an Vorstellungen, die Menschen immer wieder ängstigten.

Der Pfarrer – eine Autorität im Dorf

Seite 106: Bäuerin aus der Ochsenfurter Gegend in der Sonntagstracht mit kunstvoll bestickten Schuhen (1939)

Die Kirche war nicht nur der sichtbare, äußere Mittelpunkt des Dorfes, sie war auch das geistige Zentrum. Ihr Repräsentant war der Ortspfarrer, vielerorts auch nur ein Kooperator oder Expositus, also ein Geistlicher ohne selbstständige Pfarrei. Er war einem Pfarrer unterstellt. Dem geistlichen Herrn, immer dunkel gekleidet und mit weißem Stehkragen, wurde von Jung und Alt größte Hochachtung bekundet. Begegnete man ihm auf der Straße, so

Der Pfarrer – eine Autorität im Dorf

»Gelobt sei Jesus Christus, Herr Pfarrer!«

zogen die Männer den Hut, was als Ausdruck höchster Reverenz galt. Die Kinder gingen auf den »Herrn Hochwürden« zu, gaben artig die Hand und flüsterten ehrfürchtig: »Gelobt sei Jesus Christus!« Und nie durfte dabei eine tiefe Kniebeuge vergessen werden.

Der Pfarrer sprach bei seinen regelmäßigen Spaziergängen durch das Dorf mit allen Leuten, er gehörte einfach zum Straßenbild. Zu Zeiten, als es noch keinen Priestermangel gab, war eine Kirche ohne Geistlichen oder gar ein unbewohnter Pfarrhof geradezu unvorstellbar. Wie die Schule und der Lehrer war eben auch der Pfarrer ein ganz fester Bestandteil der Dorfgemeinschaft. Der Pfarrer seinerseits suchte und pflegte immer wieder den Kontakt zu seinen Pfarrangehörigen, besuchte sie und ließ sich über Familiäres informieren. Gern ließ er sich zu Familienfeiern einladen, tröstete die Alten und Kranken. Zuweilen ging er auch am Sonntagabend ins Wirtshaus zum Kartenspielen, was seiner geistlichen Würde und seinem großen Ansehen nicht den geringsten Abbruch tat. Im Gegenteil, es erhöhte seine Autorität und Beliebtheit, weil man ihn auch als Menschen schätzte und respektierte.

Bäuerinnen aus der Miesbacher Gegend in festlicher Tracht (1959)

Kirchliche Feste im Jahreslauf

Beliebter Treffpunkt der Dorfjugend: Die Kirchweihhutschen (1936)

Kirchliche Feste im Jahreslauf

In einer Zeit, als das Dorf noch eine gewachsene Einheit war, als die Einheimischen mehr oder weniger noch unter sich waren, kannte der Pfarrer jeden im Ort. Und so war es ihm auch leicht möglich, auf den regelmäßigen Gottesdienstbesuch zu achten. Nach altem Brauch mussten ihm auch die Beichtzettel wieder abgeliefert werden, mit denen der Sakramentenempfang in der Fasten- und Osterzeit belegt werden konnte. Für jeden in der Familie brachte die Bäuerin vor Ostern ein kleines Bildchen als Beweis für die abgelegte Osterbeichte in den Pfarrhof und dazu noch mancherlei Naturalien wie Eier, Butter und Fleisch zum Dank, ein Brauch, der uns daran erinnert, dass früher die geistlichen Herren von den abhängigen Bauern regelmäßig materielle Zuwendungen erhielten.

Wie's der Brauch war

*Schneidiger
Hochzeitslader
aus der Dachauer
Gegend (1953)*

Im Gegensatz zur heutigen Praxis kamen die kleinen Erdenbürger früher fast ausschließlich daheim zur Welt und wurden dann auch in der Dorfkirche getauft. Die Tauffeier fand gewöhnlich am Sonntag nach der Nachmittagsandacht statt. Der Pfarrer hieß den Göd oder die Godn, also den Taufpaten oder die Taufpatin, mit dem Täufling, der mit einem weißen Schleier bedeckt war, an der Kirchentür willkommen und spendete dann über dem Taufbrunnen das Sakrament. Bei der anschließenden schlichten Feier im

Familienkreis überreichte der Taufpate oder die Taufpatin auch das Taufgeschenk: Es war meist etwas Selbstgemachtes für das Taufkind. Die Paten hielten im Übrigen noch viele Jahre mit ihrem Patenkind Kontakt und bedachten es regelmäßig zum Geburtstag und zu Weihnachten mit einem kleinen Geschenk, oft war es nur ein selbst gebackener Zopf oder ein Wachsstöckl oder eine Kerze. Das Taufkind seinerseits war dem Paten oder der Patin lebenslang in Dankbarkeit verbunden.

Eine Bauernhochzeit – ein Fest für das ganze Dorf

Manch schöner Brauch rankte sich auch um den Tag, an dem ein junges Paar den Bund fürs Leben schloss. Eine große Bauernhochzeit warf schon viele Monate ihre Schatten voraus, denn ein derartiges Ereignis war nicht nur eine kleine Familienfeier, sondern ein großes Fest, zu dem neben der Verwandtschaft, den Freunden und Bekannten meist das ganze Dorf zum Mitfeiern eingeladen war. Deshalb musste alles lange vorher gut geplant und organisiert sein. Eine ganz wichtige Person bei einer Hochzeit war der Hochzeitslader, in Niederbayern auch »Prog(r)oder« genannt. Ein paar Wochen vorher machte er sich zu Fuß oder mit dem Rad, später mit dem Motorrad auf den Weg, um die vielen Gäste im Namen der Brautleute gebührend zur Hochzeit zu laden. Wenn er mit seinem Sinnstock und einer weißen Schleife im Knopfloch in der Stube stand, sagte er seinen traditionellen Ladspruch auf. Damit der Termin der Hochzeit auch nicht vergessen werden konnte, notierte er z.B. im Bayerischen Wald alle wichtigen Angaben, einschließlich des zu zahlenden Mahlgeldes, mit Kreide an der Haustür.

Ein paar Tage vor der Hochzeit hielt die junge Braut gewöhnlich ihren Einzug in den Hof, in den sie einheiraten wollte. Nur Ältere können sich noch erinnern, dass der Transport des eingebrachten Heiratsgutes mit dem »Kammerwagen« durchgeführt wurde. Auf ihm hatte alles Platz gefunden, was zum Hausstand gehörte: die Betten, die Kommode, der Schrank. Und hinter dem Kammerwagen wurde von einer Magd eine Kuh, gestriegelt und

Allgäuer Bauern in der festlichen Kemptener Tracht fahren im Gäuwagen zu einer Hochzeit (1938).

geschmückt, geführt. Die Braut selbst fuhr mit dem Hochzeiter in einer Kutsche, einer Chaise, dem Zug voraus. Im Hochzeitshaus richtete die Näherin die Stoffe und Wäschestücke sehr ordentlich in den schönen Schrank, denn am Hochzeitstag durfte ja jeder der Gäste neben Hof und Stall auch die Schlafkammer besichtigen.

Der Ablauf des Hochzeitstages war so, wie man ihn auch heute noch bei einer Bauernhochzeit erleben kann. An der Hochzeitsfeier hatten meist alle im Dorf Anteil. Aus jedem Haus kam mindestens ein Vertreter. Und da es mittags und abends gewöhnlich zwei bis drei Portionen Fleisch gab und auch die Kuchen reichlich bemessen waren, wurde vieles ins mitgebrachte »Bschaod-Tüchl« gepackt. So konnten die Daheimgebliebenen auch noch etwas teilhaben von den Köstlichkeiten der Hochzeit.

Kennen gelernt hat sich so manches Paar auf dem Tanzboden, einem Volksfest oder Markt, bei einer Wallfahrt oder auch zur Kirchweih auf der »Kirtahutschn«. Das war ein dickes, breites Brett, das mit Ketten an Balken unter dem Scheunendach oder in der Tenne aufgehängt war. Auf jedem Ende des Brettes stand ein

Bursch und brachte die ganze Gesellschaft mit den daraufsitzenden Mädchen in Schwung. Kam nun die Schaukel so richtig in Fahrt, ertönte ein lautes Quietschen und Schreien der Mädchen, die auf der »Kirtahutschn« immer dichter zusammenrückten. Am Abend trafen sich dann die jungen Leute auf dem Tanzboden, wo sich die Paare bei Rheinländer, Polka und Walzer drehten. Aufgespielt wurde ihnen oft nur von ein paar Musikanten, die die Burschen oder der Wirt bezahlen mussten. Eine große Musikkapelle konnten sich nur wenige leisten.

Begleitung auf dem letzten Weg

Durch die Bräuche geregelt war auch das Abschiednehmen von dieser Welt. Lag ein Familienmitglied im Sterben, so rief man rechtzeitig den Geistlichen zum Versehen. Barhäuptig machte er sich auf den oft weiten Weg zum Sterbenden, nur begleitet von einem Ministranten, der in der Hand die Laterne mit dem Ewigen Licht aus der Kirche trug. Begegnete jemand dem geistlichen Herrn auf dem Versehgang, so brachte er durch eine tiefe Kniebeuge und ein ehrfürchtig gesprochenes »Gelobt sei Jesus Christus!« seine Verehrung vor dem Allerheiligsten zum Ausdruck, das dem Kranken eine Stärkung auf seinem letzten Weg sein sollte.

Angekommen im Haus des Sterbenden, wurde der Priester von allen Familienangehörigen erwartet und empfangen. Auf einem Tischchen, mit einem besonderen Versehtuch bedeckt, stand ein Kruzifix, daneben die angezündete Sterbekerze. Dann betete der Geistliche zusammen mit den Verwandten für den Schwerkranken und spendete ihm die Letzte Ölung. So war er wohl vorbereitet für den Übergang in das neue Leben.

Ähnlich wie bei der Geburt eines Kindes nahm die ganze Dorfgemeinschaft auch Anteil am Heimgang eines Menschen. Anders als heute, da immer weniger zu Hause sterben, blieben früher auch die Nachbarn dem Sterbenden in seiner schweren Stunde ganz nahe. Sie wollten sich alle von ihm persönlich verabschieden und beteten in seiner Kammer immer wieder den Rosenkranz. Am Bestattungstag trugen sie ihn über die Schwelle seines Hauses. Vor

Totenbretter im Bayerischen Wald (1935)

dem Haus wartete schon der schwarze Leichenwagen, von zwei Rappen gezogen. Zusammen mit dem Pfarrer und den Ministranten geleiteten nun die Nachbarn und Freunde und alle, die den Toten gekannt hatten, in einem langen Zug betend hinaus auf den Friedhof, den Gottesacker. Die Nachbarn waren es auch, die dem Verstorbenen selbst das Grab schaufelten, ein Akt voller Symbolik.

In einer Zeit, als noch kein Bestattungsinstitut die letzten irdischen Dinge regelte, kümmerte sich vor allem die Leichenfrau – die Seelnonne – um alles, was für eine würdige Gestaltung der Beerdigung zu tun war. Sie war es auch, die zu Fuß von Haus zu Haus ging und für das Begräbnis »einsagte«. Dafür steckte man ihr dann ein kleines Trinkgeld zu. Manchmal war es auch etwas Essbares, z.B. eine Rohrnudel oder ein Stück Brot.

Totenbretter am Wegesrand

An einen alten Totenbrauch, der vor 70 Jahren noch in Nordbayern lebendig war, erinnern uns die Totenbretter, die man noch vereinzelt im Bayerischen Wald und in der Oberpfalz antreffen kann. In diesen früher äußerst armen Gegenden legte man die Toten zu Hause – in Ermangelung eines Sarges – bis zum Begräbnistag auf ein Brett. Beim Begräbnis wurde es dann schräg gestellt, sodass der Tote ins offene Grab gleiten konnte. »Er ist vom Brettl grutscht!« ist daher eine noch heute gebräuchliche Redensart, die darauf Bezug nimmt. Als durch die Verbreitung des Sarges das schmale Totenbrett überflüssig wurde, blieb man trotzdem dem alten Brauch treu und stellte, wie früher, Bretter mit den Namen der Verstorbenen an Feld- und Waldwegen auf. Die einfachen Bretter sollten die Lebenden an jene erinnern, die ihren Lebensweg schon vollendet hatten. Nach altem Volksglauben erlangte die arme Seele der Verstorbenen erst dann ihre letzte Ruhe, wenn das Brett total verfault war. Oft mahnte überdies noch ein Spruch auf dem Brett an die Toten, wie uns ein Vers aus dem Landkreis Kötzting zeigt:

> *Gattin, Kinder, weinet nicht,*
> *ich hab ausgelitten.*
> *Sterben ist ja Menschenpflicht,*
> *ach, da hilft kein Bitten.*
> *Lebet wohl, beim Auferstehn*
> *werden wir uns wiedersehn.*

Leben mit Bräuchen

Das Leben auf dem Dorf war getragen von einer Gemeinschaft, in die sich alle eingebunden wussten. Sie begleitete jeden Einzelnen von der Wiege bis zur Bahre, in den Tagen der Freude und der Trauer. Die tradierten Bräuche schufen den festen Rahmen und auch wichtige Bande untereinander. Sie gaben jedem Sicherheit und Geborgenheit und Halt in den Wechselfällen des Lebens. Andererseits war auch jeder gehalten, sich an die allgemein verbindlichen Regeln zu halten. Er musste sich in jeder Altersstufe an ihnen orientieren und sie beachten, z. B. bei der Feier der kirchlichen und weltlichen Feste, aber auch im Familienleben. Eine Nichtbeachtung hatte für den Einzelnen Isolierung und Vereinsamung zur Folge.

Bräuche in der jeweiligen regionalen Ausprägung regelten das gesellschaftliche Leben und hatten verpflichtenden Charakter. Man lebte so, wie's eben im heimatlichen Dorf fester Brauch war, und war bemüht, nachfolgende Generationen in dessen Geist zu erziehen. Das Brauchtum war das Band zwischen den Generationen, zwischen Vergangenheit und Gegenwart.

Palmbuschsetzen am Palmsonntag im Berchtesgadener Land (1937)

Vergangene Dorfidylle

In den Jahren nach dem Zweiten Weltkrieg hat sich das Gesicht wohl der meisten unserer Dörfer grundlegend verändert. Der technische Fortschritt hat auch vor dem Dorf nicht haltgemacht und alle Lebensbereiche auf dem Land erfasst. Viele alte Bauernhäuser wurden ohne Skrupel abgerissen und durch monotone, einfallslose Neubauten mit großen Fenstern und Alu-Haustüren ersetzt, breite Straßen haben jeden Einödhof verkehrsmäßig erschlossen. Zur Veränderung des Dorflebens, besonders der Freizeitgestaltung, trugen in vielen Orten ab den 1950er-Jahren Kinos, so genannte »Lichtspielhäuser«, bei, die zum Treffpunkt für Jung und Alt wurden.

Damit einher ging, zunächst kaum bemerkt, ein Abbau von gewachsenen Strukturen und Beziehungen, die das Dorfleben früher getragen und geprägt haben. Vor allem in stadtnahen Dörfern kam es zu einer Urbanisierung, die zu einem Schwund gewachsener Strukturen geführt hat – eine Entwicklung, deren negative Folgen uns heute erst bewusst werden. Viele Dörfer haben ihr Gesicht verloren.

Lebendige Dorfgemeinschaft

Bis in die 1950er-Jahre hinein war das Dorf mehr oder weniger eine geschlossene Einheit und leicht überschaubar. Die Menschen im Dorf wussten sich verbunden durch die tägliche Arbeit, durch die gleiche Lebensart, durch eine gemeinsame Vergangenheit – und was die Zusammengehörigkeit besonders stärkte: Man trug alles gemeinsam, Freud und Leid, und war stets aufeinander angewiesen, bei der Arbeit, in Unglück und Not. Jeder brauchte den anderen. Die junge Generation wuchs in diese Verbundenheit von frühester Kindheit an hinein. Und diese Gemeinschaft fand ihren Ausdruck immer wieder im gegenseitigen Helfen, aber auch im gemeinsamen Feiern, bei den Festen des Kirchenjahres sowie bei weltlichen und persönlichen Anlässen.

Wichtige Zentren der Dorfgemeinschaft war neben der Schule, dem Wirtshaus und der Kramerei vor allem die Kirche, wo fast alle vom Dorf regelmäßig zum Gottesdienst zusammenkamen. Heute haben ganz viele Dörfer keinen eigenen Pfarrer mehr, sie gehören zu einem Pfarrverband, der von einem einzigen Pfarrer betreut wird. Dieser kommt nur noch ein paar Mal in die Dorfkirche zum Gottesdienst, der oft auch am Abend stattfinden muss.

Früher hatte jedes Dorf seinen eigenen Pfarrer, der einfach zum Ortsbild gehörte. Wenn er seinen Spaziergang durch den Ort machte, kam er mit Jung und Alt ins Gespräch. Vorbei sind die Zeiten, als man ihn durch den Pfarrgarten schreiten sah und das tägliche Breviergebet verrichtete. Er wurde von allen im Dorf als Autorität, als Amtsperson der Kirche anerkannt und geachtet, was auch in der Anrede »Herr Hochwürden« zum Ausdruck kam. So konnte er es sich auch erlauben, mit notfalls deftigen Ausdrücken das Wort Gottes von der Kanzel herab zu verkünden, vor allem dann, wenn es um die Einhaltung von Sitte und Moral ging. Besonders war ihm auch am jährlichen Empfang der Ostersakramente gelegen, von dem sich keiner ausschließen durfte, weder der Bauer noch der Knecht.

Nicht weniger geachtet war der Lehrer, der alle Kinder bis zur siebten bzw. achten Klasse unterrichtete. Eltern wie Kinder

Seite 120:
Alter Bildstock in
Oberstreu bei
Mellrichstadt
(1956)

Dorfstraße in Langenleiten in der Rhön (1933)

hörten auf ihn. Alle schätzten ihn, war er doch auch als Gemeindeschreiber und Organist aufs engste mit dem Dorfleben verbunden.

Das Wirtshaus – der gesellschaftliche Mittelpunkt

Das Wirtshaus war der weltliche, der gesellschaftliche Mittelpunkt des Ortes. Hier trafen sich die Honoratioren, der Pfarrer und der Lehrer, der Förster und der Doktor, aber auch die Bauern und die Knechte. Sie alle hatten in der Gaststube ihren angestammten Platz. Die kleinen Gütler und Häuslleut saßen gewöhnlich getrennt vom Tisch der begüterten Bauern. Diese Standesordnung änderte sich erst nach dem Krieg, als die Bauern nach und nach ihre einstige Vorrangstellung verloren, u.a. durch den Zuzug von Heimatvertriebenen, und viele junge Leute in andere, nicht landwirtschaftliche Berufe abwanderten. Hinzu kam, dass viele Bauerskinder nicht auf dem Hof bleiben wollten und Berufe wählten, die eine höhere Schulbildung voraussetzten. Nun waren auch Menschen angesehen, die nicht in der Landwirtschaft und im Handwerk arbeiteten.

Die Kramerei – ein beliebter Treffpunkt

Ein besonders wichtiger Ort, wo man andere Leute treffen konnte, war auch die Kramerei. Das war eine Gemischtwarenhandlung, in der man (fast) alles kaufen konnte, was zum täglichen Bedarf gehörte: Zucker und Salz, Essig und Salatöl, Salzhering und Schnupftabak, Suppennudeln und Malzkaffee, aber auch so handfeste Dinge wie Heurechen, Viehketten, Bremsenöl und Fliegenkleber. Nichts war in Schachteln, Flaschen oder Becher steril verpackt, alles wurde gut sichtbar offen gelagert. Manche Waren wurden von der Kramerin in spitze, braune Tüten, so genannte »Stranitzen«, eingefüllt, vor allem die Bonbons, die sie in runden Glaskugeln gut sichtbar aufbewahrte. Die offene Lagerung aller Waren war auch der Grund für den typischen Geruch in der Kramerei, einem Duft aus allerlei Gewürzen, Lebensmitteln, Backwaren, Putz- und Reinigungsmitteln.

Trat ein Kunde über die Schwelle des Ladens, so wurde dies der Kramerin durch eine kleine Glocke an der Tür angekündigt. Sie kannte natürlich alle ihre Kunden bestens, besonders jene, die gern etwas anschreiben ließen, weil sie im Augenblick nicht zahlen konnten. Meist wurde am Monatsende abgerechnet; dabei gab es aber immer wieder Zahlungsprobleme.

Hier in der Kramerei konnte man Nachbarn treffen und Neuigkeiten erfahren. Und so nahm man sich gern Zeit zu einem kleinen Ratsch. Man redete über alles: über Alltagsprobleme, über Sorgen und kleine Freuden.

Neuigkeiten konnte man auch erfahren, wenn ein Handwerker oder auch der Viktualienhändler mit dem Korb auf dem Rücken ins Haus kam. Ein gern gesehener Gast beim Bauern war daneben der Viehhändler. Er kam in viele Höfe und kannte sich im Gäu gut aus.

Zum Bild des alten Dorfes gehörte früher, als man noch nicht mit dem Auto zum Einkaufen in die Stadt fuhr, auch der Hausierer, der als lebender Kramerladen mit dem Fahrrad oder dem Motorrad regelmäßig seine Kunden aufsuchte. In seinem Rucksack und seinen Koffern führte er vielerlei Waren mit sich, z.B. Stoffe zum

Die Kramerei – ein beliebter Treffpunkt

Bäuerinnen auf dem Blumenmarkt in Würzburg (1938)

Selbstschneidern und diverse Kurzwaren und Dinge für den Haushalt. Und da er in viele Häuser kam, wusste er auch stets Neuigkeiten zu berichten, was seinen Besuch interessant machte.

Am Abend zum Bürgermeister

Neben dem Pfarrer, dem geistlichen Herrn, gehörte zu einem richtigen Dorf der Bürgermeister. Als Amtssitz stand ihm nur in grö-

Vergangene Dorfidylle

Gemeindeausrufer in Kottingwörth bei Beilngries (1954)

ßeren Orten ein Rathaus zur Verfügung. In kleineren Gemeinden genügte dazu ein Zimmer in seinem Privathaus. Das wurde dann jedermann durch ein Schild an der Haustür kundgetan: »Wohnung des 1. Bürgermeisters. Amtsstunden täglich von 18 bis 19 Uhr«.

Hatte der Bürgermeister seinen Mitbürgern etwas Wichtiges mitzuteilen, so stand ihm ein Gemeindediener zur Seite, der mit lauter Stimme auf der Straße amtliche Mitteilungen verkündete. Und damit ihm auch alle wirklich zuhörten, schellte er kräftig mit seiner Dienstglocke. Eine wichtige Diensthandlung.

Gemeinderatssitzungen wurden meistens im Schulhaus oder in einem Nebenzimmer beim Wirt abgehalten. Und damit auch alles seine Ordnung hatte und die Beschlüsse lückenlos festgehalten wurden, musste der Schullehrer das Sitzungsprotokoll führen. Das gehörte zu seinen Dienstaufgaben ebenso wie die Eintragungen in die gemeindlichen Bücher und die Ortschronik. Obgleich nur sehr gering honoriert, war die Gemeindeschreiberei für den Lehrer, zusammen mit dem Organistendienst, ein willkommenes Zubrot. Die ziemlich dürftigen Dienstbezüge ließen sich damit allemal etwas aufbessern.

Unverzichtbar: die Leichenfrau

Neben den Honoratioren und angesehenen Persönlichkeiten wie dem Pfarrer und dem Lehrer, dem Bürgermeister und dem Wirt, den Handwerkern und der Kramerin gab es aber auch ein paar Leute, die nicht unwichtig waren, obgleich sie nicht ganz so angesehen waren und etwas im öffentlichen Leben am Rande standen. Zu ihnen zählte jene Frau, die immer dann gerufen wurde, wenn jemand aus der Familie gestorben war: Es war die Leichen- oder Totenfrau, mancherorts auch Seelnonne genannt. Sie durfte nicht

In der Rhön: Milchkannen aus Ton, zum Trocknen auf den Zaun gesteckt (1933)

An der Ringmauer im unterfränkischen Sommerhausen (1943)

allzu sensibel sein und lebte meist in ärmlichen Verhältnissen, weshalb sie auch den nicht gerade beliebten Dienst übernahm.

War ein Todesfall eingetreten, so musste sie den Verstorbenen waschen, einkleiden und in den Sarg betten – eine schwere Arbeit, die aber nicht sehr großzügig honoriert wurde. Nun machte sie sich auf den Weg, um in jedem Haus im Dorf und in den umliegenden Orten das Begräbnis bekannt zu machen. Sie musste »einsagen«, also im Namen der Angehörigen zum Begräbnis des Verstorbenen bitten. Neben der gedruckten Todesanzeige war dies die zuverlässigste Form der Information. Trat die Seelnonne in ein Haus, so sagte sie recht monoton ihren Spruch auf, z. B.: »Der Zeitlbauer von Drößling bitt am Samstag um zehne zu sein Weib in d'Leich.« Die Bäuerin steckte ihr dafür eine Kleinigkeit zu, eine Rohrnudel und ein paar Pfennig, und weiter ging es zum nächsten Haus.

Eine wichtige Funktion hatte die Seelnonne auch am Begräbnistag, musste sie sich doch um den reibungslosen Ablauf der Beerdigung kümmern. Laut betend schritt sie hinter dem Sarg,

Unverzichtbar: die Leichenfrau

wenn sich der Leichenzug vom Sterbehaus zum Friedhof bewegte, und assistierte dem Pfarrer bei der Einsegnung. Als Anerkennung für ihre Dienste wurde sie dann von den Angehörigen zum Leichenschmaus beim Wirt eingeladen. Sie wurde »ausgespeist«, ebenso wie die Leichenträger.

Heile Welt im fränkischen Eibelstadt (1939)

Nicht mit Gütern gesegnet war auch der Totengräber, der oft geradezu darauf wartete, dass es wieder etwas zu tun gab. Seine Aufgabe war es, mit Pickel und Schaufel ein Grab auszuheben und es nach der Bestattung wieder zuzuschütten. Aufgrund seiner Nähe zu den Toten pflegte man mit ihm keinen allzu engen Kontakt und ging ihm nach Möglichkeit aus dem Weg. Im Wirtshaus, zumal wenn er etwas zu viel getrunken hatte, wusste er manch schaurige Geschichte zu erzählen von seinen Erlebnissen auf dem Gottesacker. Da hatte er immer aufmerksame Zuhörer.

In vielen Dörfern gab es jedoch einen Mann, den alle Bauern recht schätzten. Seine Aufgabe war es, im Frühjahr auf den Wiesen mit eisernen Fallen die Maulwürfe zu fangen. Der »Scherfänger«, wie man ihn nannte, verstand es, der Maulwurfplage noch ohne chemische Mittel Herr zu werden. Für seine Tätigkeit bekam er von den Bauern je nach Stückzahl der erlegten Tiere eine Entschädigung, die freilich sehr gering war.

Täglich in die Stadt

Auf dem Dorf ist heute vieles anders als noch in der ersten Hälfte des letzten Jahrhunderts. Viele Berufe und Stände, die hier einmal ihr Auskommen hatten, sind ausgestorben. Der Fortschritt ist auch am noch so abgelegenen Dorf nicht spurlos vorbeigegangen. Die Kinder werden mit dem Schulbus in die große Verbandsschule in einem Nachbarort gebracht, die Realschüler und Gymnasiasten fahren in die Kreisstadt und verlassen nach ihrem Abschluss ihren Heimatort zum Studium in der Stadt. Viele der jüngeren Generation haben sich in der Stadt eine Existenz aufgebaut. Und immer mehr Menschen pendeln täglich, manchmal sogar wöchentlich, zwischen dem Dorf und der Stadt.

Aber auch äußerlich hat das Dorf in den letzten Jahrzehnten sein Gesicht verändert. An die Stelle der schmalen, kurvenreichen und nur gesandeten Wege sind breite, geradlinige und asphaltierte Straßen mit Bürgersteig und Bushaltestellen getreten. Und selbstverständlich fehlt auch nirgends die moderne Neonbeleuchtung. Nur die Alten erinnern sich noch, wie finster einst die Straßen

und Plätze nach Einbruch der Dunkelheit waren. Nur da und dort spendete eine einfache Lampe, soweit der Ort schon an das Stromnetz angeschlossen war, ein dürftiges Licht. In den Seitengassen blieb es meist stockdunkel, wenn nicht ein Lichtschein aus den Häusern drang.

Mit einem Schlitten werden die Eisblöcke aus dem Wasser gezogen (1936).

Leben am Dorfweiher

Ein Stück Vergangenheit ist auch der Dorfweiher. Umstanden von Salweiden und anderen Büschen, tummelten sich auf ihm in den Sommermonaten Enten und Gänse zuhauf. Am Abend holte die Bäuerin oder eines der Kinder das Federvieh wieder zurück in den Stall. Der kleine Dorfweiher, das natürlichste Biotop, das man sich denken kann, war auch der Lebensraum vieler Fischarten wie Hechte und Karpfen, und auch die Frösche fühlten sich darin wohl, was ein vielstimmiges Quakkonzert an so manchem Sommerabend erkennen ließ.

Vergangene Dorfidylle

Mittenwalder Kinder beim Eisstockschießen (1939)

Im Winter, wenn Stein und Bein gefroren war, wurde der Weiher zum Treffpunkt der Dorfjugend, die sich hier mit primitiven Schlittschuhen auf dem Eis tummelten. Auch die Eisstockschützen versammelten sich dort mit ihren derben hölzernen Eisstöcken, angefertigt vom Wagner.

Eine besondere Attraktion, die viele Zuschauer anzog, war es jedes Mal, wenn bei klirrender Kälte der Wirt mit seinen Helfern anrückte, um mit einfachen Mitteln aus der dicken Eisschicht große Blöcke herauszuschneiden. Die zentnerschweren Eisbrocken, die bei dieser nicht ungefährlichen Arbeit mit Stangen aus dem Wasser gehievt wurden, wurden mühsam auf Wagen gehoben und dann zum Eiskeller des Wirts transportiert. Dort sorgte das Natureis auch in den Sommermonaten für kühles Bier. Heute ist ein Dorfweiher schon eine Seltenheit. In vielen Fällen hat man ihn zugeschüttet und als Parkplatz zweckentfremdet.

Alte Bauernhöfe

Optischer Blickfang im Ortsbild waren einst die schmucken Bauernhöfe mit spitzen Dächern, kleinen, schmalen Fenstern, gesichert mit Eisenstäben und niedrigen Türen. Jedes Haus hatte sein Gesicht. Es gab auch keinen einheitlichen bayerischen Stil, vielmehr hatte jede Region andere Hausformen, denken wir nur an oberbayerische, niederbayerische und fränkische Bauernhöfe, die sich ganz wesentlich voneinander unterscheiden. Die früheren Baumeister, meist nur gewöhnliche Maurermeister, verstanden es, landschaftsbezogen zu bauen. Alle Gebäude – das Wohnhaus, die Stallungen und Scheunen – zeigten eine Ausgewogenheit in Form,

Winteridylle in Oberammergau (1940)

Fähre über den Main bei Frickenhausen (1939)

Größe und Funktion. Alles passte zusammen; jegliche Protzigkeit war verpönt und wurde abgelehnt.

Worauf aber nie verzichtet wurde, war ein Pumpbrunnen, der für Mensch und Tier Wasser spendete. Nicht fehlen durfte der einfache Bauerngarten vor dem Haus mit allerlei Gemüse und vor allem Kräutern. Und dazwischen war immer noch Platz für die stolzen Kaiserkronen und duftenden Pfingstrosen, den leuchtenden Phlox und die schmucken Dahlien und als Beeteinfassung den niedrigen Buchsbaum. Der Hausgarten, um den sich die Bäuerin kümmerte, war von einem einfachen Staketenzaun eingefasst. Es passte eben alles zusammen.

Das Dorf – eine kleine Welt für sich

Bei allen notwendigen Veränderungen und Erneuerungen am Haus wurde stets darauf geachtet, dem traditionellen Baustil treu zu bleiben. Einflüsse von außen wurden kaum beachtet. Es blieb den 1960er- und 1970er-Jahren vorbehalten, durch nicht landschaftstypische und nicht historisch gewachsene Bauformen das Gesicht unserer Dörfer zu verfremden. Für aufwändige Veränderungen,

z. B. neue große Fenster, Holzverkleidungen und Prachtbalkone, hätte natürlich auch das Geld gefehlt. Aber gerade das Festhalten am Hergebrachten, auch im Bauwesen, trug dazu bei, dass das Dorf eine kleine, in sich geschlossene Welt bleiben konnte.

Aus heutiger Sicht war das alte Dorf – das lässt sich nicht bestreiten – noch in vielem rückständig. Heute selbstverständliche Annehmlichkeiten waren unseren Ahnen noch vorenthalten. In manchen Gegenden, vor allem im Bayerischen Wald und in der Oberpfalz, fehlte noch lange Zeit der elektrische Strom. Und nur vereinzelt kamen aus der Stadt Sommerfrischler, die genau beäugt wurden. Gern stärkten sie sich nach einer Tageswanderung am Abend im Wirtshaus bei einer kräftigen Brotzeit. Ein organisierter Fremdenverkehr mit Verkehrsamt, der viele unserer Dörfer so verändert hat, fehlte noch gänzlich. Nicht vorstellen konnte man sich damals auch Zweitwohnungen, deren Besitzer nur am Wochenende in das Dorf kamen.

Angesichts so vieler Fehlentwicklungen, die heute nicht mehr weggeredet werden können, ist es nur zu begrüßen, dass man sich nach einer Zeit unkritischen Fortschrittsglaubens und euphorischer Übernahme alles Neuen und Fremdartigen weithin wieder

Zwiebelernte in Gochsheim bei Schweinfurt: Bauersleut in der Werktagstracht (1957)

Vergangene Dorfidylle

Auf dem Heimweg vom Viehmarkt (1939)

auf das Bodenständige, das Gewachsene, auf die eigene Kultur besinnt und sich zu ihr bekennt. In vielen Bereichen hat in den letzten Jahren ein Umdenkungsprozess eingesetzt. Immer mehr erkennt man, dass das Dorf nur dann eine Zukunft hat, wenn es sich neu auf seine traditionellen Werte besinnt und sich nicht kurzlebigen Zeittrends anpasst. Dabei ist besonders an jene Werte zu denken, die einst tragende Pfeiler des Dorflebens gewesen sind. Das schließt nicht aus, dass sich das Dorf notwendigen Veränderungen, z. B. im landwirtschaftlichen Bereich, öffnet. Bei aller Zeitoffenheit geht es aber letztlich darum, die Eigenart jedes Dorfes zu bewahren. Deshalb sind auch alle heimatgeschichtlichen und denkmalpflegerischen Bemühungen sowie die Förderung der kulturellen Eigenständigkeit im Bereich der Trachten-, Brauchtums- und Musikpflege sehr zu begrüßen. Dies scheint der einzige Weg zu sein, das Dorf als besonders liebenswerten Lebensraum unserer bayerischen Heimat für spätere Generationen zu erhalten.

Wia lusti mir Bauan

1. Wia lusti mir Bauan, ham Ochsn und Küah, holaro, da-ra-e-ho, da-ra-e-ho drei hodiri holaro, halt, toa'ma no a Gsatzl drauf!
   die Herrnleut ham a net mehr Schneid als wia mir,

2. Ja, 's Pfeifn und Singa, des is unsa Brauch, holaro...
   tean tanzn und springa, des macht uns koan Bauch, holaro...

3. Die Herrnleut, die pfnausn, sie kinnan kam geh, holaro...
   mir bleibm frische Bauan, groß' Bäuch san net schö, holaro...

pfnausn = ringen nach Luft

Glossar

Austrag:
Zeit nach der Hofübergabe eines Bauern an eines seiner Kinder bei genau geregelten Bedingungen. Der Altbauer lebte zusammen mit seiner Frau entweder weiterhin im Wohnaus oder in einem neben dem Haupt-gebäude gelegenen kleinen Haus, dem Austragshäusl, auch Zuhäusl genannt.

Backhäusl:
Etwas abseits vom Bauernhof errichtetes kleines Backhaus, in dem die Bäuerin in Abständen von ein paar Wochen in großer Menge Brot für die ganze Familie gebacken hat.

Dengelstock:
Ein Holzblock, in den ein spitzes Eisenstück eingelassen ist. Auf dem Holzblock sitzend, schärften die Bauern durch Klopfen mit einem Hammer die Sensen für die Erntearbeit.

Dreschflegel:
Holzkeulen, die zum Dreschen des Getreides verwendet wurden. Sie waren an langen Stricken befestigt und wurden von den Dreschern
im Takt geschwungen.

Ehhalten:
Bezeichnung für alle Dienstboten, die auf einem Hof arbeiteten. Diese waren in die Familie eines Bauern integriert. Für ihre Arbeiten erhielten sie nur einen geringen Lohn, der meist zu Lichtmess ausbezahlt wurde.

Engelamt:
Festliche Messfeier in katholischen Kirchen am frühen Morgen in der Adventszeit. Dabei wurden Adventslieder gesungen. Eine andere Bezeichnung ist Rorateamt.

Esse:
Feuerstelle in einer Schmiede zum Erhitzen des Eisens.

Fangermandl:
Ein beliebtes Fangenspiel.

Glossar

Flurumgang:
Prozession mit Priester und Gläubigen sowie mit Vortragekreuz durch Felder und Wiesen, bei der um Fruchtbarkeit und um Schutz vor Unwettern gebetet wird.

Fuder:
Ein mit Heu oder Getreide hoch beladener Arbeitswagen mit Holzrädern. Die Ladung wurde durch einen oben aufgelegten dicken Stamm (»Wiesbaum«) und mit Stricken zusammengehalten.

Gäuwagerl:
Kleines Fahrzeug mit vier Rädern und meist ohne Bedachung, das von einem Pferd gezogen wurde. Es diente für kleine Fahrten, z.B. in die Kreisstadt oder zum Arzt. Im Gäuwagerl konnten bis zu vier Personen Platz nehmen.

Getreide-/Heustock:
Platz in der Scheune, wo das Getreide und Heu aufgestapelt und bis zum Verfüttern gelagert wurde.

Goffine
Erbauungsbuch mit religiösen Texten aus der Heiligen Schrift und mit Heiligenlegenden, das von dem Prämonstratenserpater Leonhard Goffine verfasst wurde. Es war meist das einzige Buch in den Familien und auch ein beliebtes Geschenk. An den Festtagen wurde aus der Goffine in der Familie vorgelesen.

Gütler:
Kleinbauern mit wenig eigenem Boden, der mit nur einer Kuh bearbeitet wurde. Im Stall hatten sie meist ein Schwein und Hühner. Die Gütler halfen bei einem großen Bauern mit. Dafür wurden sie mit Naturalien wie Getreide und Kartoffeln entlohnt, die als Futter für ihre Tiere dienten.

Häuslleut:
Im Gegensatz zu den Bauern hatten die Häuslleut keinen eigenen Grund, den sie bearbeiten konnten. Sie waren meist arm und halfen bei großen Bauern bei der Erntearbeit mit.

Herrgottswinkel:
Stelle über der Eckbank in der Wohnstube, an der ein Kreuz/Kruzifix hängt, geschmückt mit Palmkätzchen, umgeben von diversen

religiösen Bildtafeln. Beim gemeinsamen Gebet schaute man zum Kreuz im Herrgottswinkel.

Hoagarten:
Auch Heimgarten genannter Treffpunkt nach Feierabend bei Freunden, gleichermaßen geschätzt bei der Jugend wie bei der älteren Generation. Er diente zum Gedankenaustausch. Hier konnte man Neuigkeiten erfahren.

Holzzuber:
Unterschiedlich großes Holzgefäß, das bei diversen Arbeiten, z.B. am Waschtag, Verwendung fand. Es wurden darin auch kleine Kinder gebadet.

Kammerwagen:
Vor der Hochzeitsfeier wurden mit dem Kammerwagen Teile der Aussteuer einer Braut zum Hof transportiert, in den sie einheiratete. Auf dem Wagen waren immer auch ein Bett und ein schöner Schrank.

Kirtahutsche:
Schaukel, die am Kirchweihfest in der Scheune eines Bauernhofes befestigt wurde. Sie bestand aus einem langen, breiten Brett, das mit dicken Stricken an Balken hing. Die Kirtahutsche war ein beliebter Treffpunkt von Kindern und Jugendlichen.

Kletzenbrot:
Aus Roggenmehl, Gewürzen, getrockneten Birnen und Sauerteig meist im eigenen Ofen in der Adventszeit gebackenes Brot, das am Weihnachtsfest sehr geschätzt war. Das Kletzenbrot kam am Heiligen Abend auf den Tisch.

Kornmandl:
Nach dem Mähen des Getreides wurden die Ähren mit Händen zu großen Büscheln zusammengebunden, die dann, jeweils etwa fünf Stück, zum Trocknen senkrecht aneinandergestellt wurden. Das Kornmandlaufstellen war meist Sache der Frauen.

Mesner:
Er sorgt in der Kirche für den reibungslosen Ablauf des Gottesdienstes, läutet die Glocken und assistiert dem Priester.

Schaber:
Meist blauer Stoffschurz zur Arbeit im Stall und auf dem Feld.

Seelnonne:
Sie wurde beim Tod eines Familiengliedes gerufen Auch Leichen- oder Totenfrau). Sie kleidete den Verstorbenen an und legte ihn in den Sarg. Im Auftrag der Angehörigen ging sie von Haus zu Haus und lud zum Begräbnis ein. Bei der Beerdigung sorgte sie für einen reibungslosen Ablauf.

Sinnstock:
Ein mit bunten Bändern geschmückter, etwa 1,5 m hoher Stock, mit dem der Hochzeitslader bzw. Progroder Gäste zur Hochzeitsfeier eingeladen hat. Wenn er ins Haus trat, sagte er einen lustigen Spruch auf.

Störhandwerker:
Handwerker, die zeitweise, meist im Winter, ihre Werkstatt verließen, um vor Ort bei ihren Kunden Arbeiten auszuführen. Dabei brachten sie das nötige Werkzeug und Material mit. Auf die Stör gingen Schuster, Sattler, Wagner, Schreiner sowie Schneiderinnen; sie lebten in dieser Zeit auf dem jeweiligen Hof.

Tagwerk:
Altes Flächenmaß; 1 Tagwerk = 3407,272 m^2.

Tenne:
Raum zum Einfahren mit Wagen in eine Scheune zum Ab- und Beladen des Getreides und Heus. In der Zeit ohne Dreschmaschine wurde auf dem Holzboden der Tenne mit Dreschflegeln das Getreide gedroschen.

Versehgang:
Zu Schwerkranken und Sterbenden wurde der Pfarrer gerufen. Er spendete ihnen das Sakrament der letzten Ölung. Begleitet wurde der Priester meist von einem Ministranten oder dem Mesner.

Wachsstöckl:
Aus dünnen Wachssträngen geflochtene Kerzen, die bei Trauergottesdiensten und bei den adventlichen Engelämtern in der Kirche auf der Betbank von den Gläubigen angezündet wurden.

Wasserschiff:
Kleiner Behälter aus Blech, der in den Küchenherd eingelassen war. Er war mit Wasser gefüllt, das durch die Ofenhitze erwärmt wurde. Es diente zum Abspülen und Reinigen.

Literaturverzeichnis

Bärtler, Josef: Die Illerflößer. Illertissen 1933
Bichler, Albert: Wie's in Bayern der Brauch ist. München 2006
Eberwein, Michel: Das Eberwein-Liederbuch. München 1980
Eylmann, Elisabeth: Dorfgeschichten aus Oberbayern. München 1986
Fanderl, Wastl: Alpenländische Liedersammlung. Frasdorf o. J.
Fränkisches Volksleben im 19. Jahrhundert. Wunschbilder und Wirklichkeit; Begleitband zur gleichnamigen Ausstellung. Würzburg 1986
Friedl, Paul: Himmel, erhalt uns das Bauernbrot. Rosenheim 1979
Greinsberger, Kathi: Ist alles wohl bestellt. Zweites Fischbachauer Liederbuch. München 1985
Groth-Schmachtenberger, Erika: Unterfranken vor fünf Jahrzehnten. Würzburg 1985
Groth-Schmachtenberger, Erika: Handwerker vor fünf Jahrzehnten. Würzburg 1987
Hager, Franziska/Heyn, Hans: Liab, leb und stirb. Rosenheim 1976
Hager, Franziska/Heyn, Hans: Das alte Dorf. Vom Leben in der guten alten Zeit. Rosenheim 1977
Hartl, Maria: Häuslerleut. Vom Leben und Wirken einer Bauersfrau. München 1986
Kerscher, Otto: Genau a so is gwen. Leben und Arbeit auf dem Waldlerhof. Regensburg 1977
Kinder, Kinder ... Kindheit und Jugend in früher Zeit im Brucker Land. Begleitheft zur gleichnamigen Ausstellung. Fürstenfeldbruck 1986
Lechner, Josef: Bäuerliches Leben und Arbeiten in Rehling und im nordwestlichen Aichacher Land um die Jahrhundertwende. Frankfurt 1983
Mädchenliederbuch. Regensburg 1914

Literaturverzeichnis

Zwei, die sich mögen (1940)

Merklein, Willi: Flößerei auf dem Inn. In: Volkskunst 2/1986
Mestemacher, Jürgen Heinrich: Altes bäuerliches Arbeitsgerät in Oberbayern. München 1985
Schlicht, Josef: Blauweiß in Schimpf und Ehr, Lust und Freud. Rosenheim 1973
Schmidkunz, Walter (Hrsg.): Das leibhaftige Liederbuch. Wolfenbüttel 1938
Schreiber, Willi: Lustig ist das Flößerleben. Würzburg 1983
Schröder, Horst und Lilo: Bei uns in Oberfranken. Bayreuth 1984
Thoma, Annette: Bei uns. Rosenheim 1984
Volksmusik in Bayern. Ausgewählte Quellen und Dokumente aus sechs Jahrhunderten. Ausstellungskatalog. München 1985
Wendling, Anne: Als Großmama ein kleines Mädchen war. München 1986
Wimschneider, Anna: Herbstmilch. München 1985

Danksagung und Impressum

Danksagung

Meine Erinnerungen an das alte Dorfleben möchte ich nicht beschließen, ohne mich einer großen Dankespflicht entledigt zu haben.

Das Zustandekommen dieses Buches verdanke ich in erster Linie der von mir sehr verehrten Frau Erika Groth-Schmachtenberger aus Murnau, die in einem langen Fotografenleben so viele Details bayerischen Volkslebens mit ihrer Kamera festgehalten hat. Aus ihrem umfangreichen Archiv stellte sie mir Bilder zur Verfügung, die heute schon zeithistorischen Wert haben.

Viele Einzelheiten, die in das Buch Eingang fanden, verdanke ich oft langen Gesprächen mit Menschen, die mir ihre persönlichen Erinnerungen an das Leben im alten Dorf mitgeteilt haben. Zu Dank bin ich besonders verpflichtet: Herrn Sattlermeister Otto Diepold †, Germering; Herrn Hans Doll, Germering; Herrn Prof. Dr. Torsten Gebhard †, Generalkonservator i.R., München; Herrn Martin Keller, Germering; Herrn Prof. Ferdinand Kopp †, Tutzing; Herrn Hans Roth, Bayerischer Landesverein für Heimatpflege, München; Herrn Stadtpfarrer Msgr. Rat Georg Schuster, München; Herrn Dr. Dr. Viktor Sprandel †, Krumbach; Frau Katharina Wimmer †, München.

Wertvolle Beratung in volksmusikalischen Fragen verdanke ich Herrn Wolfgang Mayer, Institut für Volkskunde, München, und Herrn Ernst Schusser, Mitarbeiter beim Volksmusikpfleger des Bezirks Oberbayern, Bruckmühl.

Albert Bichler

Impressum

Unser komplettes Programm:
www.j-berg-verlag.de

Produktmanagement: Claudia Hohdorf
Textredaktion: Simone Calcagnotto-David, München
Satz/Layout: Regina Bocek und Christian Weiß, München
Repro: Scanner Service S.r.l.
Herstellung: Thomas Fischer
Printed in Italy by Printer Trento

Alle Angaben dieses Werkes wurden vom Autor sorgfältig recherchiert und auf den aktuellen Stand gebracht sowie vom Verlag geprüft. Für die Richtigkeit der Angaben kann jedoch keine Haftung übernommen werden. Für Hinweise und Anregungen sind wir jederzeit dankbar.
Bitte richten Sie diese an:
J. Berg Verlag
Postfach 80 02 40, D-81602 München
E-Mail: lektorat@j-berg-verlag.de

Bildnachweis: Alle Bilder stammen von Erika Groth-Schmachtenberger, der Vor- und Nachsatz von Christoph Mauler.

Die Deutsche Nationalbibliothek –
CIP-Einheitsaufnahme
Ein Titeldatensatz für diese Publikation ist bei der Deutschen Nationalbibliothek erhältlich.

© 2007 J. Berg Verlag in der C.J. Bucher Verlag GmbH, München
ISBN 3-7658-4187-3